# PERSONNE N'EST PARFAIT

HIROTADA OTOTAKE

# PERSONNE N'EST PARFAIT

*Traduit de l'anglais*
*par Laurence E. Fritsch*

PRESSES DE LA RENAISSANCE

Ouvrage réalisé
sous la direction éditoriale d'Alain NOËL

Si vous souhaitez être tenu(e)
au courant de nos publications,
envoyez vos nom et adresse, en citant ce livre,
aux Éditions des Presses de la Renaissance,
12, avenue d'Italie, 75013 Paris.
Et, pour le Canada,
à Havas Services Canada Ltée,
1050, boulevard René-Lévesque Est
Bureau 100,
H2L 2L6 Montréal, Québec.

Contactez notre site Internet :
www.presses-renaissance.fr

Crédits photo : © Takao Akimoto (pages 1 et 4 du cahier photo),
Hajime Sawatari (page 2), Makoto Ayano (page 3).

Titre original : *Gotai Fumanzoku.*


ISBN 2.85616.794.2

# Prologue

6 avril 1976. Les cerisiers resplendissent de fleurs blanches sous les rayons encore timides du soleil. La journée sera douce.

Un bébé vient au monde en criant. Un bébé plein de vie et de santé. Un petit garçon. Naissance ordinaire chez un couple ordinaire. Événement banal à un détail près : l'enfant n'a ni bras ni jambes.

Tétra-amélie congénitale : tel est le nom de cette infirmité. Celle-ci n'est due ni à une mise au monde dans des conditions difficiles ni aux effets pervers de la Thalidomide dont les médias se faisaient alors l'écho. En ce qui me concerne, on n'en connaît absolument pas la cause. Pour une raison qui m'échappe, je suis arrivé sous les traits d'un individu d'exception dont l'apparence est plus que saisissante. Choquer les autres par le seul fait de sa naissance, il n'y a sans doute que Momotaro, le petit garçon que l'on trouva au cœur d'une pêche, et moi pour le faire !

La naissance est généralement suivie d'un moment d'allégresse où la mère et son petit se découvrent pour la première fois. Mon père quant à lui réfléchit aux conséquences d'un tel tête-à-tête. Si ma mère découvrait mon infirmité juste après sa délivrance, avant même d'avoir eu le temps de recouvrer ses esprits et ses forces, le choc ne serait-il pas trop fort ? Alors qu'elle était encore sur la table de travail, il lui dit : « Je crains que tu ne puisses voir ton bébé tout de suite, car il est un peu faible. »

Deux ou trois jours passèrent, pendant lesquels mon père attendit que ma mère se remette totalement. Combat solitaire qui dut être difficile, exigeant de lui une grande force intérieure. « Les médecins m'ont dit que tu ne pouvais pas le voir avant quelques jours car il a une mauvaise jaunisse », dit-il alors à maman. Ce n'est que très récemment qu'une démarche comme le « consentement éclairé » a été prise en compte au Japon. En 1976, la parole du médecin était définitive. Même si leur propre santé, leur propre bonheur étaient en jeu, les patients n'avaient pas d'autre choix que de s'abandonner aux mains de l'homme de science. Ainsi mon père s'efforça de suivre les ordres du médecin.

Bien qu'elle ne se soit pas posé trop de questions d'emblée, ma mère finit par s'inquiéter de ne pas recevoir l'autorisation de voir son bébé au bout d'une semaine. Elle prit alors conscience de la gravité de ce qui se passait. Mais l'excès d'attention et de sollicitude dont on l'entourait lui interdisait toute initiative. Chaque fois qu'elle manifestait l'envie de voir son fils, elle sentait un certain malaise dans l'air. Elle prit alors le parti de faire confiance à mon père.

Le jour de notre première rencontre arriva enfin. Trois semaines s'étaient passées. La veille du jour fatidique, on l'informa que ce retard n'était pas dû à une jaunisse mais à une infirmité. Mon père ne put prendre sur lui de lui expliquer la nature exacte de celle-ci mais ce qu'il lui dit fut suffisant. Ma mère se prépara à me voir.

L'hôpital aussi. Tout avait été mis en place pour l'événement. On avait apporté un lit dans la pièce au cas où elle s'évanouirait. La tension était à son comble, tant pour mon père et l'équipe médicale que pour ma mère.

Le moment arriva enfin, qui cloua tout le monde sur place. Car cela ne se passa pas du tout comme on s'y attendait. Les mot jaillirent de la bouche de maman : « Comme il est mignon ! » D'un coup, les craintes de la voir s'effondrer ou piquer une crise d'hystérie s'évanouirent. Cela faisait bientôt un mois qu'elle n'avait pu voir ce petit bout à qui elle avait donné la vie. La joie de tenir enfin son enfant dans ses bras était plus grande que le choc de son infirmité.

Je crois que cette première rencontre a déterminé la suite de ma vie et lui a donné tout son sens. Les premières impressions collent à la peau et au cœur. Il n'est pas rare que vous les traîniez comme un bagage trop lourd des années après. Quand il s'agit de la rencontre d'un enfant et de ses parents, la première impression est plus décisive encore. La toute première émotion que ma mère a ressenti en me voyant fut non pas un choc, non pas de la tristesse, mais de la joie.

J'avais trois semaines. Je naissais enfin.

Première partie

# Un roi en fauteuil roulant

*Premières années en maternelle et primaire*

# 1
# Un petit tyran

*Napoléon*

Notre vie à trois commença à Kasaï, quartier d'Edogawa, dans la banlieue est de Tokyo. Mes parents venaient d'emménager et ne connaissaient personne. On m'a parlé de gens qui cachaient l'infirmité de leur enfant en le gardant enfermé à la maison. Ce ne fut pas du tout le cas de papa et maman. Ils me sortaient beaucoup, m'emmenant partout avec eux. Tous les voisins me connaissaient donc. Mes jambes et mes bras ont un peu grandi et mesurent aujourd'hui une vingtaine de centimètres, mais à l'époque mes membres s'apparentaient plus à des bosses : on aurait dit quatre pommes de terre collées autour de mon torse. Comme je ressemblais à un jouet, je fus vite l'attraction du voisinage. Je connaissais le compliment « Quelle jolie petite poupée » mais

« Quel joli petit ours en peluche » était inédit ! Ce fut pourtant celui qu'on employa pour moi.

J'avais déjà commencé à exercer mes talents de chenapan. Je ne dormais jamais. Ou quasi jamais ! Je m'égosillais avec véhémence toute la nuit, sans dormir pour autant pendant la journée. Ma pauvre mère, les yeux larmoyants de fatigue, se vit maintes fois au bord de la dépression nerveuse. J'y gagnai le surnom de Napoléon, ce héros qui, dit-on, n'avait pas besoin de plus de trois ou quatre heures de sommeil pour commander à toutes ses armées.

De même, je buvais trop peu – la moitié environ de la quantité nécessaire pour un bambin de mon âge, d'après ce que ma mère avait lu dans un de ses livres sur le premier âge. Mes parents, d'un naturel pourtant relativement calme, consultaient avec anxiété les médecins. En vain. J'en restais là et me contentais toujours de la même quantité. Au bord de l'abandon, ils tentèrent une nouvelle approche du problème et firent le raisonnement suivant : « Depuis sa naissance, il montre une personnalité exceptionnelle et ses réactions sont très originales. Il n'est donc pas étonnant qu'il ait besoin d'une quantité de nourriture et de sommeil différente des autres. Arrêtons de le comparer aux autres enfants. » Voilà qui était bien vu. Du reste, en dépit de ce déficit apparent, je grandissais sans tomber malade.

Je prononçai mes premiers mots à l'âge de neuf mois. Après quelques balbutiements, je lançai d'un coup : « Hapapa, hapapapa, papa, papa. »

Ma mère fut bien un peu déçue que mon premier mot soit « papa », mais elle se fit une raison en se persuadant que c'était beaucoup plus simple à prononcer. Et mes parents furent très heureux de mes progrès.

À partir de ce moment-là, disent-ils, ce fut un déferlement, comme si un barrage avait cédé sous la pression de l'eau. À mon premier anniversaire, j'avais une réputation de moulin à paroles. Mon père s'amusait à me donner des « leçons » à l'aide d'images en bois qu'il avait achetées. Il me montrait une machine à laver, des lunettes, un journal, et me demandait « Qu'est-ce que c'est ?

— Massine.

— Et ça ?

— Zyeux d'papa.

— Et ça ?

— Zou'nal.

Ainsi de suite. Ces classes avaient lieu tous les soirs quand mon père rentrait du bureau. Dans le même temps, ma mère avait lu un article qui donnait cet avertissement : « Ne pas faire la lecture à votre enfant risque de provoquer chez lui une lobotomie frontale. » Ce qui l'encouragea à me lire tout ce qu'elle pouvait dès qu'elle avait un moment libre. Mes parents étaient tous deux très soucieux de mon éducation.

Une année plus tôt, ils s'étaient résignés à l'idée que je passerais ma vie confiné dans un lit. L'espoir renaissait, remplissant leur vie – notre vie.

*Une foule de questions*

Quand j'eus quatre ans, j'allai à l'école maternelle de Seibo. Comme elle se trouvait de l'autre côté de la ville, pour éviter les allers et retours incessants, nous avions déménagé à Yohga dans le quartier de Setagaya, qui se trouvait à dix minutes en voiture de l'école. Mes premiers souvenirs datent de cette époque. Du reste, quand on me demande d'où je suis, je dis que je viens de Yohga.

Seibo n'était pas aménagée pour les handicapés, mais la démarche de base était le respect de l'individualité de l'enfant. On ne se posait pas la question suivante, habituelle dans les autres établissements : « Qu'allons-nous faire ensemble maintenant ? » Chacun de nous faisait ce qu'il voulait, du moment que nous respections les règles imparties à la collectivité. Cette démarche me convenait parfaitement. S'il nous avait fallu nous livrer tous aux mêmes activités, il y a bien des choses que je n'aurais pas pu accomplir.

Je me fis immédiatement des copains. Grâce à mes bras et à mes jambes. Ou plutôt à leur absence. L'attention des autres gamins était d'abord attirée par une étrange machine : mon fauteuil roulant électrique. À y regarder de plus près, il se trouvait que le conducteur de l'engin n'avait ni bras ni jambes ! Ce qui était un grand mystère. La première fois, au moment où les enfants m'aperçurent, ils s'agglutinèrent autour de moi comme une colonie de fourmis. Tout en me touchant, ils me harcelaient de

« Pourquoi ? ». Dès que cela m'arrivait, j'avais pris le parti de répondre que j'avais été malade quand j'étais dans le ventre de ma mère et que c'était pour cette raison que mes bras et mes jambes n'avaient pas grandi. C'était tout ce qu'ils voulaient entendre. Nous devinrent les meilleurs amis du monde.

Je sortis épuisé des deux premiers mois d'école car je ne cessais de donner des explications aux uns et aux autres tant à l'intérieur qu'à l'extérieur de la classe. Chaque jour, j'étais bombardé de questions. Ma mère se souvient encore du jour où, pour la première fois, je rentrai à la maison en pleurant : « Je n'en peux plus », me plaignis-je. Les professeurs s'intéressèrent à mon cas, s'inquiétant du fait que je pouvais rentrer chez moi avec des maux de tête ou d'estomac après de tels assauts. Laissant les adultes se préoccuper de ce genre de détails, je continuai mon chemin et devins un robuste gaillard.

*N'en faire qu'à ma tête*

Grâce au double avantage de n'avoir ni jambes ni bras, sans oublier le fauteuil roulant, je décrochai la palme de la popularité. J'étais toujours au centre d'un cercle d'amis. Et cela me monta à la tête au point de faire de moi un enfant particulièrement capricieux.

Chez les enfants en âge de la maternelle, il suffit de quelques mois d'écart pour marquer une grande différence dans la croissance. Parce que mon anniversaire tombait le 6 avril, juste après la date limite des inscriptions, j'étais le plus âgé de ma classe. On pourrait dire que j'étais le chef potentiel – ou tout simplement un diable de garnement qui voulait faire la loi.

Quand tout le monde jouait au chat et à la souris dans la cour de récréation, je m'ennuyais terriblement parce que, même en fauteuil, je ne pouvais pas tenir le rythme. Alors je criais : « Si vous voulez jouer dans le bac à sable, suivez-moi ! » Et d'un tour de roue, je quittais le cercle. Étrangement, les enfants qui avaient l'air très heureux de se courir après l'instant d'avant se précipitaient à la suite du fauteuil roulant en direction du bac à sable. Une fois à destination, il m'était impossible de construire mes propres châteaux de sable puisque je n'avais pas de mains. Je donnais donc des ordres. Celui qui avait l'audace de revendiquer de creuser un canal alors que j'avais décidé de la construction d'un château n'avait qu'à bien se tenir. « J'ai dit que l'on faisait un château. Si cela ne te plaît pas, va voir ailleurs. » Et comme j'étais déjà capable d'en imposer en me mettant hors de moi, personne, semble-t-il, n'osait me résister.

Une telle obstination ne me fit pas perdre mes amis, bien au contraire. Sans doute pensaient-ils la chose suivante : « Si je reste à la droite d'Oto, je ne serai pas exclu. » Ce qui avait pour conséquence de m'encourager dans ce sens. Je devins un vrai petit tyran avec mes camarades, insolent envers mes parents et mes instituteurs. Mes parents attrapèrent nombre de maux de tête et se firent beaucoup de souci. Mais les choses se résolurent d'elles-mêmes lors d'un changement de classe. En effet, pendant la dernière année de maternelle, ce côté buté s'effaça sans que j'en garde, je l'avoue, la moindre trace. Il est vrai que nous étions alors tous des « grands ».

Le jour de la fête de l'école, notre classe devait interpréter une pièce de théâtre. La distribution comptait un rôle dont personne ne voulait, celui de « Gramps », le mécanicien auto, simplement parce que son nom faisait penser à un vieillard grincheux.

C'est mon meilleur ami, Shingo, qui se dévoua et leva la main. Je trouvai qu'il avait été très chic, ce qui me rendit lamentable à mes yeux par comparaison. Pour ne pas être en reste, je me proposai donc pour le second rôle, qui n'attirait pas beaucoup plus la sympathie, celui du narrateur. À six ans, je désespérais sans doute de me hisser socialement et j'étais déjà très inquiet de mon image.

Le narrateur parle en voix off – en d'autres termes, je me trouvais en coulisse. Mais je me débrouillai si bien que l'une des mamans me dit : « Il faudra faire de la radio quand tu seras grand. » Le petit jambon que j'étais alors, toujours soucieux de briller sous les feux de la rampe, reçut dans ces quelques mots la révélation de sa vie : un simple narrateur pouvait accéder aux honneurs. Je me mis en devoir de participer le plus possible aux événements, y compris en coulisse. C'est ainsi que le petit garçon de maternelle, jusqu'alors centré sur son seul nombril, grandit d'un coup en peu de temps.

Je découvris dans la foulée que jouer avec les autres enfants pouvait beaucoup m'amuser, et je me sentis mieux avec mes copains de classe. En même temps que je finissais la maternelle, j'allais jouer presque chaque jour à un endroit où je retrouvais de nombreux amis. J'avais donc résolu l'un des plus gros problèmes de ma petite enfance, où j'accordais beaucoup trop d'importance à mon image. Un problème plus délicat m'attendait.

2

## Une porte lourde à ouvrir

### *De nombreuses portes claquées au nez de mes parents*

J'imagine que tous les parents éprouvent un mélange d'espoir et d'anxiété quand leur enfant s'apprête à découvrir le milieu scolaire. Il va de soi que, si l'enfant est handicapé, c'est l'angoisse qui prend le dessus. La seule question qui leur vient à l'esprit est avant tout : « Où va-t-on l'accepter ? »

Dans mon cas, tout fut problème. Mes parents durent faire tomber les barrières les plus résistantes, et je gage qu'ils n'avaient jamais imaginé un seul instant qu'ils auraient tant de mal à me donner une instruction pourtant obligatoire.

Il est vrai que, il y a quinze ans, mettre les enfants handicapés dans des écoles spécialisées était considéré comme allant de soi. Mais ces établissements sont faits pour des enfants dont les besoins ne répondent pas à la moyenne. Or mes parents n'étaient pas du tout convaincus qu'une éducation normale ne me conviendrait pas. Ce gamin qui se prenait pour un chef et faisait marcher à la baguette tout son petit monde de la maternelle avait-il vraiment besoin d'une éducation spécialisée ? Ils en doutaient suffisamment pour que leur désir de me voir intégrer un établissement courant prenne le dessus.

Leur souhait ne fut pas exaucé sans peine. Persuadés que l'enseignement public accepterait plus difficilement un enfant handicapé, ils commencèrent par focaliser leurs recherches sur le privé, d'autant qu'on leur avait dit qu'il était plus à l'écoute de ce genre de problèmes. Ce fut en vain. On ne m'autorisa même pas à passer les tests d'admission. On nous claquait la porte au nez, ni plus ni moins.

Au moment où ils étaient près d'abandonner et se disaient qu'ils n'auraient même pas une chance de me permettre d'aborder un enseignement normal, le courrier apporta une nouvelle que l'on n'attendait plus : il s'agissait d'un avis concernant l'« examen de santé des enfants en âge scolaire ». On convoquait à un bilan ceux qui devaient entrer en primaire au printemps suivant. C'est ce carton qui atterrit dans la boîte aux lettres de la famille Ototake.

Incroyable. Il provenait de l'école primaire publique la plus proche de notre domicile, la seule à laquelle mes parents n'avaient pas pensé un seul instant. Leur espoir renaissait. Ils composèrent le numéro de téléphone. Comme on peut l'imaginer, l'école n'avait pas eu connaissance de mon handicap. Le moment de surprise passé, le directeur proposa de nous rencontrer : « Venez d'abord, nous verrons bien. » C'est ainsi que ma mère m'emmena passer le bilan et que je découvris l'école primaire de Yohga.

Le jour de l'« examen de santé des enfants en âge scolaire », on se serait cru au zoo. De joyeux lurons se coursaient en gesticulant tandis que des bambins poussaient des braillements à cause de cet environnement inconnu. Au milieu de tout cela, je me comportais avec dignité, recueillant même les félicitations des médecins au fur et à mesure que je passais les examens, ce qui redonna confiance à maman : si l'on me félicitait déjà de mon comportement, c'est sans doute que je pourrais me montrer à la hauteur.

Les examens terminés, nous nous rendîmes dans le bureau du directeur. Ma mère était extrêmement tendue et, si je n'étais pas alors vraiment en mesure de comprendre toute la complexité de la situation, j'étais bien conscient que quelque chose de capital était sur le point d'arriver.

Je trouvai d'emblée le directeur assez gentil. Soucieux sans doute que je ne m'ennuie pas, il se tournait régulièrement vers moi tout en conversant avec ma mère et me gratifiait d'un sourire encourageant. Après un temps dont je ne saurais dire la durée, il me lança un clin d'œil et me demanda : « Y a-t-il quelque chose que tu n'aimes pas manger ?

— Euh… du pain, répondis-je du tac au tac en

sentant déjà dans la bouche cette sensation pâteuse que je détestais.

— Vraiment ? Si c'est le cas, tu vas être malheureux à la cantine parce qu'on sert du pain presque tous les jours. »

Le visage figé d'angoisse de ma mère s'éclaira. C'était comme s'il avait dit oui. De retour à la maison, elle annonça la grande nouvelle à mon père : « On dirait qu'il va pouvoir aller à l'école de tout le monde, chéri. »

### *Du ciel en enfer*

Notre joie fut de très courte durée. Nous reçûmes une réponse favorable du directeur « puisque vous habitez dans notre circonscription », mais elle fut suivie de près par le papier du rectorat qui disait en substance : « Pas si vite ! » La raison en était simple : il n'y avait pas de précédent à l'admission d'un enfant atteint d'un handicap si sévère au sein du système éducatif normal.

Retour à la case départ. Mes parents étaient aussi abasourdis que si on les avait assommés. Dire qu'on leur avait même parlé de la cantine. L'affaire semblait faite. La déception n'en était que plus cuisante. Le moment de découragement passé, mes parents ne restèrent pas longtemps au tapis. Ils se mirent en devoir de trouver un argument massue pour que l'on m'accepte.

Il n'y avait qu'une chose à faire : rencontrer à

tout prix ces messieurs du rectorat. Car la raison principale de ce veto était sans doute une hésitation due au fait qu'ils ne me connaissaient pas. Comment leur en vouloir ? Il leur était forcément difficile d'imaginer qu'un enfant doté de bras de dix ou douze centimètres pourrait écrire aussi bien que ses pairs. Si l'on dissipait leurs craintes, ils lèveraient leur veto. Tel était le raisonnement de mes parents.

Les responsables du rectorat n'en finissaient pas de poser des questions. Que faisaient mes parents dans telle ou telle situation ? Ma mère m'emmena avec elle pour qu'ils puissent juger sur pièces, dirons-nous. Je me souviens qu'il me fallut leur montrer pas mal de choses. Comment j'écrivais en tenant le crayon entre mon embryon de bras et ma joue. Comment je mangeais en utilisant la cuillère ou la fourchette comme levier sur le bord du bol. Comment je coupais du papier avec une paire de ciseaux en prenant une des poignées dans la bouche et en maintenant l'autre avec mon bras, ma tête se mouvant pour faire fonctionner le tout. Comment je marchais en bougeant l'une après l'autre mes toutes petites jambes en gardant le corps bien droit. À chacune de mes démonstrations, les membres du rectorat avaient le souffle coupé. Ils restaient bouche bée. À moins qu'ils n'eussent été vraiment désorientés. Après tout, ils avaient là, sous leurs yeux, un garçon dépourvu de bras et de jambes qui s'acquittait de toutes sortes de tâches avec succès.

L'enthousiasme de mes parents, combiné à mes

propres capacités, nous permit finalement de gagner : nous obtînmes la permission de me scolariser normalement. À une condition cependant.

Un parfait petit élève de cours préparatoire s'échappe de chez lui au matin en lançant un : « Salut » à la cantonade, passe la journée à étudier et à jouer pour revenir à la maison en fin d'après-midi avec un joyeux : « Je suis rentré ! » qui annonce son retour. Là encore, ce ne fut pas du tout mon cas. On exigeait qu'un gardien m'accompagne sur le chemin de l'école aller et retour et m'attende dans le hall pendant la classe et les récréations ! Un poids énorme s'abattait sur les épaules de mes parents. Pourtant, ils tressaillaient de joie à cette liberté conditionnelle. « S'il le faut pour que tu aies une scolarité normale » fut leur seule plainte.

# 3

# Takagi *sensei*

*Pas de coup de main*

Quand je regarde la photo de classe prise le jour de la rentrée, je ne peux m'empêcher de sourire un peu jaune ! Ma voisine se tient le plus loin possible de moi et son visage est quelque peu crispé. Je trône à ses côtés en souriant jusqu'aux oreilles. Le cliché parle de lui-même. Cause de toutes ces simagrées, celui qui fait que chacun se demande quelle contenance prendre à l'école est tranquillement assis – il rayonne même – sans se soucier le moins du monde du trouble qu'il sème. C'est un peu comme si c'était les autres qui étaient tout chamboulés.

Celui qui avait le plus de souci à se faire était en l'occurrence l'instituteur qui me suivit dans mes quatre premières classes, Takagi *sensei*, autrement dit maître Takagi. C'était le vétéran de l'école, au point que les autres instituteurs l'appelaient « maître Grand-Père ». Dès que mon inscription fut effective, m'a-t-on dit, il s'est immédiatement porté volontaire pour me prendre dans sa classe. Malgré sa grande expérience, il n'avait jamais encore donné de cours à un enfant dépourvu des quatre membres. Tout était nouveau, et la première de ses inquiétudes concernait la façon dont les autres enfants allaient réagir.

« Pourquoi est-ce que tu n'as pas de bras ? »

« Pourquoi est-ce que tu te déplaces dans ce fauteuil ? »

Il n'était pas rare que des enfants viennent toucher délicatement mes jambes et mes bras. *Sensei* m'a dit depuis qu'il en avait des sueurs froides et ne savait pas du tout comment gérer cela ; pour ma part, j'y étais habitué. Je considérais cet épisode comme un passage obligé pour me faire ensuite des amis. Je m'en tenais à mon explication habituelle : « C'est arrivé dans le ventre de ma mère. » Les doutes des autres enfants se dissipaient rapidement à cette réponse, et mes condisciples ne me posaient plus de questions, sur ce sujet du moins. Ce qui soulagea également *sensei*. Pas pour longtemps, car leur confiance posait, quant à elle, un problème d'une autre nature.

Takagi *sensei* était très strict. Il est vrai que les professeurs ayant des handicapés dans leur classe sont tentés de faire pas mal de choses à leur place. *Sensei* s'y refusa parce qu'il savait que c'était me rendre un très mauvais service à long terme. En revanche, moins les enfants avaient peur de moi et plus ils voulaient m'aider. C'était particulièrement vrai des filles – elles se prenaient sans doute pour mes grandes sœurs virtuelles.

*Sensei* balançait sur l'attitude à adopter. D'un côté, il se réjouissait de l'esprit de solidarité et de compréhension qui se développait à mon endroit. Il hésitait naturellement à y mettre fin. D'un autre côté, il se disait que si mes amis m'aidaient tout le temps, je finirais par attendre passivement qu'ils fassent les choses à ma place.

Après une lutte intérieure, *sensei* annonça sa décision : « Laissez Ototake se débrouiller tout seul. S'il y a des choses qu'il ne peut vraiment pas faire, alors vous pourrez l'aider. » La déception se lisait sur les visages, mais les élèves, obéissants, s'inclinèrent. Plus personne ne montra d'empressement à me donner un coup de main.

Plusieurs jours passèrent avant que les choses se compliquent. Le mur du fond de la classe était tapissé de vestiaires où chacun de nous entreposait un nécessaire à calcul comprenant une règle, des billes et d'autres choses ainsi qu'une « boîte à outils » où l'on mettait les ciseaux, les bâtons de colle, etc. Nous allions chercher ces objets dès que le besoin s'en faisait sentir.

Mais j'étais d'une lenteur désespérante. Quand *sensei* donnait l'ordre d'aller prendre un de ces outils, je me préparais à un départ décalé, attendant toujours que le déferlement initial soit passé. Me jeter au milieu de la mêlée aurait été suicidaire de ma part ; en effet, sans mon fauteuil, j'arrivais péniblement à la hauteur des genoux de mes copains de classe. Et quand j'y allais enfin, surtout à cette époque-là, il me fallait un temps infini pour ouvrir la boîte à outils, sortir l'instrument, replacer le couvercle et retourner à ma place.

Ce jour-là, je me battais une fois de plus avec ladite boîte. En temps normal, un élève ayant déjà rangé la sienne se serait proposé par un complice « Laisse-moi faire ! » et aurait rapporté l'instrument à ma table. Il se trouvait que, peu de jours auparavant, chacun avait été invité à ne pas m'aider. Bien qu'ils ne se sentent pas très à l'aise, aucun des enfants ne m'offrit son aide. Et la leçon reprit.

Je finis par éclater en sanglots. C'étaient les premières larmes que je versais à l'école. Plus que le dépit de n'avoir pu accomplir ce travail, c'était la tristesse d'avoir été laissé pour compte qui l'emportait. *Sensei* se précipita et lança à mon intention : « Je te félicite d'avoir tenu jusque-là ! » Je me mis presque à hurler de joie. Un mot de réconfort peut parfois avoir de ces effets !

*Sensei* se faisait la réflexion suivante : « Il n'oppose aucune résistance aux difficultés mais il ne supporte ni d'être singularisé ni de manquer une activité. Je ne peux tout de même pas immobiliser toute une classe jusqu'à ce qu'il ait terminé. Et ce n'est pas une bonne chose non plus de lui venir en aide au moindre mouvement. »

Il résolut ce problème en m'octroyant deux vestiaires. Chacun d'eux contenait une des boîtes sans son couvercle, ce qui m'évitait des manipulations répétées et facilitait les choses. C'est par des initiatives de cette nature que *sensei* veillait à ce que je mène la même vie que les autres entre les murs de l'école.

## *Détrôné*

Chaque fois que je me trouvais dans la cour, j'étais assiégé. Personne n'avait jamais vu un enfant sans bras ni jambes, ni de fauteuil électrique comme le mien. Les deux ensemble, c'était totalement inédit. De plus, il n'était pas évident de comprendre que je dirigeais le fauteuil avec mes bras ; les autres enfants croyaient qu'il avançait tout seul.

La récréation était le seul moment de la journée où les élèves des cours préparatoires et des autres classes pouvaient entrer en contact avec moi. Dès qu'ils m'apercevaient dans la cour, ils se rassemblaient autour de moi telles des fourmis autour d'un morceau de sucre. Certains posaient des questions, toujours les mêmes : « Pourquoi ? Comment ? », d'autres voulaient faire un tour en fauteuil roulant. À ce moment-là, un des élèves de ma classe s'avançait pour expliquer d'un air important : « C'est arrivé quand Oto était dans le ventre de sa maman. »

J'étais le centre d'intérêt de toute l'école, sans cesse entouré d'un cercle d'admirateurs sur deux ou trois rangs. Il y avait toujours une nuée de gamins qui me suivaient à la trace. Cela ne me déplaisait pas, loin de là. Prenant ceux qui s'attroupaient autour de moi pour mes fidèles et loyaux sujets, je déclarais avec bonheur que j'étais « comme un roi ».

Le roi fut vite détrôné. L'ordre de Takagi *sensei* tomba comme un couperet : « À partir d'aujourd'hui, tu ne pourras plus utiliser ton fauteuil sans mon autorisation. » Cette décision drastique était motivée par différentes raisons. En premier lieu, il faut prendre en compte l'impression de supériorité que me donnait le fauteuil. J'étais plutôt fier d'être constamment suivi. Mais la vigilante sagesse de *sensei* dépassait cette autosatisfaction infantile : ces enfants ne m'admiraient pas, ils étaient tout simplement curieux, et leur centre d'intérêt était, en fait, le fauteuil roulant. Le complexe de supériorité que cela me donnait annihilait tous les efforts que lui-même faisait pour me traiter comme les autres afin de casser le préjugé selon lequel les handicapés sont des gens spéciaux.

Il prit également en compte ma force physique. Cet âge de la vie correspond chez l'enfant à une période de croissance rapide. Je n'étais pas exclu de ce processus, même si j'étais appelé à grandir d'une façon particulière. En restant dans un fauteuil roulant, j'avais beaucoup moins de chances de me mouvoir et de solliciter mon corps. *Sensei* pensa à l'avenir et à la nécessité de me construire une musculature. Le fauteuil n'encourageait pas cet effort et devait donc être abandonné.

À cette époque-là, la décision de mon maître fut pour moi terrible. Car le fauteuil roulant, c'était mes jambes ! Je ne pouvais « marcher » qu'en mettant mes cuisses à plat sur le sol et en traînant un moignon après l'autre pour avancer. Sans fauteuil, l'école et sa cour de récréation prenaient d'autres dimensions. Elles devenaient immenses. En faire le tour me prendrait toute mon énergie.

Cette décision éveilla de nombreuses oppositions. On m'a dit que dans les jours qui suivirent, à la vue de cet enfant se traînant par terre, les professeurs, surtout les femmes, protestèrent et dénoncèrent la cruauté de *sensei*. Lesquelles protestations se faisaient plus véhémentes aux périodes cruciales du plein été et du dur hiver. De fait, poser à plat des moignons directement sur le sol rend beaucoup plus vulnérable à la canicule ou à une température glacée.

Un autre problème se posait également lors du regroupement des classes le matin dans la cour. Quand on donnait le signal pour entrer dans le bâtiment, tout le monde se déplaçait au pas et en musique. Comme nous nous alignions par ordre de taille, les petits au début de la file et les grands derrière, j'étais toujours en tête. *Sensei* ne trouva pas d'autre solution que d'inviter les autres à me dépasser afin que notre classe ne soit pas retardataire. Cela avait pour effet de me laisser seul dehors en arrière de tous. Cet inconvénient alimentait l'argument de ceux qui étaient pour l'usage du fauteuil roulant.

*Sensei* faisait la sourde oreille. Il campait sur ses

positions, fidèle à cette conviction : « Nous pouvons le dorloter tout notre soûl aujourd'hui, mais il faudra bien qu'il se débrouille seul un jour. Mon rôle est de penser à ce jour-là et de prévoir ce dont il a besoin pour être en mesure de s'assumer. »

Il prit la bonne décision. Tant au collège qu'à l'université où je suis allé, j'ai constaté qu'aucun de ces lieux n'était équipé pour les personnes handicapées : il fallait souvent garer la voiture au bas d'un immense escalier et aller à pied aux différents cours sur toute la surface du campus. Je pense que ma grande mobilité d'aujourd'hui est due à la sage décision de Takagi *sensei.* Si j'avais passé mes jeunes années dans ce fauteuil, j'en aurais certainement été complètement dépendant par la suite. Je n'ose imaginer ce que serait ma vie aujourd'hui... Je suis sûr que je n'aurais pas cette liberté au plan tant mental que physique.

*Sensei* a pris en toute conscience, semble-t-il, la décision d'être très strict avec moi. Il disait : « Ça ne me gêne pas que l'on pense de moi : "Il a été un professeur terrible pour Ototake !", pourvu que l'on précise ensuite : "Ça a été une vraie chance pour Oto de l'avoir comme professeur." »

L'authentique rigueur, c'est la véritable bonté. Ces mots prennent tout leur sens dès que je pense à mon vieux prof Takagi *sensei.*

# 4

# Les règles d'Oto

*Ce que l'on fait avec les mains*

Jour après jour, on prit de moins en moins de dispositions spéciales pour moi dans la classe. Non que les autres fussent moins gentils ou attentifs, mais il n'y avait plus de problèmes, même quand personne ne veillait sur moi. C'était bien le signe que j'étais un élève comme les autres, parfaitement intégré au groupe.

Dans le livre d'apprentissage du cours préparatoire japonais, il y a un chapitre intitulé « Ce que l'on fait avec les mains ». Sujet plutôt embarrassant quand on a la charge d'un handicapé qui n'en a pas. Au moment critique, les regards de tous les instituteurs se tournèrent vers Takagi *sensei*, curieux de voir ce qu'il allait décider de faire.

« Je dois reconnaître que j'ai eu un instant d'hésitation, mais je n'ai jamais songé à faire l'impasse sur ce chapitre, dit-il ensuite, à la surprise générale. Comme j'étais quotidiennement en contact avec Ototake, je n'avais absolument plus l'impression de travailler avec un enfant atteint d'une maladie congénitale. Je le traitais donc comme l'un de mes trente-huit élèves. Ce chapitre n'aurait pu me poser problème que si les autres enfants ou moi-même avions considéré Ototake comme un infirme. »

Il me faut préciser que le mot japonais désignant la main, *te*, se dit aussi pour le bras (il existe bien un autre terme – *ude* – pour le « bras », mais on utilise *te* aussi souvent). À la fin de la leçon, *sensei* nous demanda d'écrire ce que nous avions fait ce jour-là avec nos mains-bras. Chacun y alla de son exemple : « Je me suis brossé les dents » ou « J'ai écrit un mot ». Pour ma part, j'écrivis : « Je suis monté sur une chaise. »

Au sens strict du terme, on ne monte pas sur une chaise, on s'assoit dessus, ce qui ne fait pas appel aux mains. En ce qui me concerne, il me faut me hisser sur le siège, ce qui m'oblige à le maintenir grâce à mes petits bras. C'est ainsi que je fus amené à écrire : « Je suis monté sur une chaise avec mes *te*. »

Personne ne se moqua. C'était une évidence pour tous : « C'est vrai, quand Oto s'assoit sur une chaise, il utilise ses *te*. » Sans doute était-ce le dénouement qu'espérait *sensei* quand il s'attaqua à ce chapitre.

## *Tous les coups sont permis*

Comme l'a démontré mon attitude à la maternelle, j'étais un enfant plutôt têtu et crâneur, ce qui avait pour conséquence de me fâcher avec mes amis assez souvent. La plupart du temps, les choses ne dépassaient pas la dispute verbale – ma spécialité ! –, mais il nous arrivait d'en venir aux coups. Avant d'en dire plus, il faut préciser qu'au Japon, à l'école primaire, les instituteurs laissent souvent les enfants se disputer sans intervenir. De toute façon, ils ne se trouvent pas dans la classe au moment de la récréation, ce qui était le cas ce jour-là.

« C'est ta faute, Oto. Excuse-toi !

— Non, c'est la tienne. C'est à toi de t'excuser !

— Ah oui ? Viens un peu que je te montre qui je suis. »

Mon adversaire était debout sur un pupitre, hors d'atteinte et grimaçant. Fou furieux, je me précipitai sur la table et, d'un coup, le fis culbuter. Je me jetai sur lui de tout mon poids.

« Eh ! s'écria-t-il, tu vas voir, je vais t'en mettre une ! » Il me lança un coup de poing mais sa cible était tout juste à la hauteur de ses genoux. Il rata son coup et me manqua. Quand il se retourna pour envoyer les pieds, j'étais une proie facile. Mais il y a en moi un zeste d'entêtement qui fait que j'ai une légère tendance à aller au bout des choses – il n'allait pas s'en tirer comme ça !

Je décidai une contre-attaque. Au moment

même où il lançait le pied, j'attrapai sa jambe et le mordis de toutes mes forces. Il se débattait comme un beau diable pour se dégager et je me cramponnai, tenant tout juste par le bout des dents. C'est bien le cas de le dire !

« Argnnnh !

— Ouille ! »

Juste retour des choses, et du vol plané qu'il m'avait imposé, je l'avais mordu à belles dents. Et ma mâchoire était plus puissante que celle des autres enfants parce que je faisais beaucoup de travaux « manuels » avec. Les marques étaient profondes et bien visibles. Sa jambe était vraiment amochée.

En pleine bagarre, on ne prend pas le temps de se demander qui est le plus fort. Il s'agit de faire face à l'ennemi. En ce sens, c'était là un combat tout à fait « normal »...

À ma gauche, le redoutable Hirotada Ototake, dit « Oto les Crocs ».

### *Tu veux jouer avec moi ?*

Quand ils repensent à leurs années d'école, bien des handicapés conviennent que la récréation était le moment le plus redouté – alors que c'est justement l'heure préférée des enfants « normaux », à moins bien sûr qu'ils ne soient des rats de bibliothèque. Pourquoi ? Eh bien, parce que les quarante-cinq à cinquante minutes de classe passent encore assez vite quand on est tranquillement assis sur sa chaise. Mais quand on ne peut rejoindre ses copains pour jouer avec eux, on se sent soudain très seul.

En ce qui me concerne, ce ne fut pas le cas. Je ne souffris en rien pendant les récréations. Bien au contraire. J'attendais avec impatience ces instants de détente, à l'instar de mes condisciples. Et cela ne laissera pas de surprendre, car les jeux que j'attendais étaient exactement les mêmes que mes copains, à savoir base-ball, football et balle aux prisonniers. Comment m'y prenais-je pour jouer ? Il est vrai que je ne faisais pas exactement la même chose que les autres, mais je ne laissais pas tomber pour autant. Il fallut simplement adapter légèrement les règles du jeu. On les appelait les « règles d'Oto », et ce sont mes copains de classe qui les ont eux-mêmes inventées.

Le base-ball était de loin mon jeu préféré. Je tenais la batte sous mon bras et pivotais avec la poitrine. J'arrivais ainsi à taper dans la balle. C'est là qu'intervenait la règle d'Oto : quand venait mon tour de prendre la batte, un copain se tenait à mes côtés. Ce que le batteur faisait d'habitude tout seul, je le faisais à deux. J'étais la « tête », et quand j'arrivais à taper dans la balle avec la batte, mes « jambes » décampaient pour atteindre la première base avant que les adversaires n'attrapent ma balle.

Une autre règle fut inventée le jour où je parvins à lancer la balle plus loin que l'intrachamp. Pour moi, c'était une très belle réussite. En effet, le principe est de lancer la balle aussi loin que possible et donc au-delà de l'intrachamp, voire de l'extrachamp, où se tiennent les adversaires, afin de les empêcher de récupérer la balle pendant que le batteur court de base en base. Quand il revient à sa base, il a fait un tour complet *(homer)* et son équipe a marqué un point.

« Ouah, Oto, ça c'est l'étoffe dont on fait les *homers*.

— Hé, décidons que c'est un *homer* pour Oto.

— D'accord, bonne idée !

— Nous faisons un *homer* quand on batte en dehors du terrain. Oto, lui, fait un *homer* quand il batte plus loin que l'intrachamp. » Il suffisait pour cela que les adversaires se rassemblent dans celui-ci. Aussitôt dit, aussitôt fait. On dessina une nouvelle ligne sur le terrain. Le stade de Koshien, où se tiennent les championnats nationaux des lycées et collèges, possède une « zone de chance », dans laquelle on repousse les barrières vers l'intérieur pour les collèges. À partir de ce jour, il y eut une « Oto zone ».

Mes copains étaient pleins d'invention quand il s'agissait de jeux de plein air. Au football, tout le monde sait cela, marquer un but donne un point. « Bon, si Oto marque un but, il obtient trois points. »

Trois points au foot est un excellent score. C'est même un exploit. Un des joueurs de mon équipe dribblait à travers les défenseurs jusqu'à la zone des dix-huit mètres. Le gardien avançait à sa rencontre pour le contrer. Mon équipier me faisait une passe glissée. J'étais prêt. Tout ce que j'avais à faire était d'envoyer le ballon dans un but très ouvert et de marquer le coup gagnant – trois points pour mon équipe.

La règle la plus folle fut celle qu'ils inventèrent pour la balle aux prisonniers. Je reprends leurs propres termes : « Si Oto a le ballon, plusieurs membres de l'équipe adverse doivent se disposer autour de lui dans un rayon de moins de trois mètres. » À une distance aussi proche, je pouvais envoyer le ballon avec un peu de force. Au bout de quelque temps, j'étais capable d'atteindre un adversaire, fille ou garçon, avec cinquante pour cent de réussite. Mais quand les rôles étaient inversés et que je devais faire une feinte pour éviter la balle à l'intérieur du cercle, je n'avais pas une seule chance de m'en sortir. J'étais donc toujours à l'extérieur du cercle. Si je touchais un opposant, on faisait entrer quelqu'un à ma place dans le cercle.

Quand les copains inventèrent ces règles, ils ne le firent pas par pitié en pensant : « Il faut que l'on joue avec ce pauvre handicapé que voilà. » Ils considéraient au contraire comme allant de soi qu'un de leurs condisciples puisse jouer avec eux et se batte contre eux. Moi aussi, je trouvais que cela allait de soi.

5

# Ma matière préférée ? L'éducation physique !

*Les barres asymétriques*

Le jour où Takagi *sensei* me demanda quelle était la matière que je préférais, il eut la surprise de m'entendre répondre avec une certaine impertinence : « L'éducation physique. » Pourtant, je ne plaisantais pas du tout.

S'ensuivit une discussion avec mes parents :

« Si je devais choisir entre la croissance de mes bras et celle de mes jambes, que croyez-vous que je choisirais ?

— Hmm. Nous donnons notre langue au chat. Que choisirais-tu ?

— Les jambes !

— Pourquoi ? Si tu avais des bras, tu pourrais faire plein de choses, ranger toi-même tes affaires...

— Cela ne me pose pas trop de problèmes. En

revanche, si j'avais des jambes, je pourrais jouer au foot avec les copains. »

Aussi odieux que cela puisse paraître, je me préoccupais peu des attentions et des craintes que les autres avaient pour moi et je me moquais bien de me faire servir par les autres. J'étais très sérieux en disant cela. Cela donne une idée de mon besoin et de mon désir d'activité.

*Sensei* était quant à lui dans une situation embarrassante. Jusqu'où pourrait-il m'intégrer et quand lui faudrait-il me conseiller de regarder les autres depuis la ligne de touche ? D'après lui, sa plus grande crainte était celle-ci : « C'est merveilleux qu'Ototake soit désireux à ce point de tout essayer, mais il y a des choses qu'il ne peut tout simplement pas faire. Comment vais-je le convaincre de rester sur la touche sans le blesser ? » Ce conflit intérieur dura un certain temps pendant lequel, n'ayant pas le moindre soupçon de ses inquiétudes, j'étais partant pour tout.

La classe d'éducation physique commençait par des exercices. Comme *sensei* me surveillait du coin de l'œil pour voir ce que j'allais bien pouvoir faire, je balançais mes petits bras et sautais en rythme avec tout le groupe. « C'est bon, se dit-il, Ototake n'est pas obligé de faire exactement la même chose que les autres. Il n'a qu'à faire ce qu'il peut. » Dès qu'il eut pris conscience de cette évidence, il lui fut beaucoup plus facile de me donner des instructions.

Si les autres faisaient deux tours de piste, il

m'ordonnait d'aller au robinet d'eau et de revenir. Si les autres sautaient en hauteur, il me proposait la chose suivante : « Nous lèverons la barre pour eux. En revanche, nous la baisserons pour toi. À chaque essai, il te faudra passer dessous sans la toucher. » Comme ce que je redoutais le plus était de ne pas participer, j'étais ravi qu'il me trouve toujours un nouveau défi.

Il m'arrivait aussi de découvrir tout seul comment me joindre aux autres. Les barres asymétriques sont prisées dans les écoles primaires parce que celle du haut rappelle la barre fixe des gymnastes des jeux Olympiques, qui oscillent autour de façon impressionnante et y font même l'arbre droit. La seule différence, et non la moindre, c'est que leur barre est perchée à plus de deux mètres cinquante du sol et que la nôtre ne dépasse pas un mètre vingt. *Sensei* et moi étions d'accord sur le fait que je ne pouvais vraiment pas participer à cet exercice. Je quittai donc la file des gymnastes pour passer de l'autre côté de l'appareil, d'où j'encourageais de la voix ceux qui s'y coltinaient.

Il me vint bientôt une idée de génie : la barre inférieure est juste à la bonne hauteur pour moi.

Je tentai de m'y accrocher en la calant sous mes aisselles. Quand je me cramponnais ainsi, mon corps était aspiré vers le haut. Je jetai un coup d'œil aux autres élèves : ils poussaient fort vers le haut jusqu'à ce que la barre leur arrive à la poitrine, puis ils balançaient leurs jambes d'arrière en avant. Je fis de même. M'agrippant à ma barre, je tentai de donner le coup d'envoi pour quitter le sol. Mon corps flottait vers l'avant et l'élan me poussait vers l'arrière. À force de répétitions, je parvins à me balancer comme un pendule, réussissant à transformer les barres asymétriques en… barre fixe de gymnaste confirmé !

*Saute, saute et pause*

Au mois de janvier, les soucis de Takagi *sensei* revinrent avec le début de l'apprentissage du saut à la corde : que faire de moi ? Bien que j'eusse été un vrai coup de vent en éducation physique, je ferais de la déprime quand les autres se mettraient à sauter à la corde. Ce furent les copains qui m'invitèrent à me joindre à eux. « Allez, viens ici et saute. »

Un jour, *sensei* me plaça entre deux de mes amis qui tournaient la corde et me dit : « Quand la corde arrive, saute comme tu le fais dans les exercices. » J'essayai plusieurs fois, sans succès. Au moment où lui-même pensait renoncer, les rouages du jeu se mirent en place et cela marcha : je réussis enfin. Je n'appellerais pas vraiment « saut » ce léger décollement qui me permit de laisser passer la corde sous mon buste. Mais, comme s'il s'agissait d'un saut magnifique, mon maître me félicita chaleureusement. « C'est géant, Ototake ! Continue ! Surveille bien ton rythme comme un métronome. Et hop ! Et hop ! » J'attendais la corde en scandant « Et hop, et hop » sous ma respiration pour garder le rythme. J'arrivai ainsi à passer trois ou quatre fois.

Cependant, j'atteignais là ma limite. Il me fallait beaucoup de force pour que mon corps s'élance et quitte le sol par pression de mes très courtes jambes. Ce n'était pas à moi de me plaindre, même quand *sensei* s'inquiétait de ma fatigue. Il faut bien avouer qu'après ces exercices de saut à la corde j'étais épuisé, « lessivé ».

Pourtant, la pratique d'un sport peut faire des merveilles. En tout cas, elle fait la différence !

« *Sensei*, je saute vingt-trois fois.

— Vraiment ! Comment t'y es-tu pris ?

— Je m'entraîne avec Miya. Regardez, *sensei.* »

Ma partenaire se mit en position, me faisant face, la corde dans les mains, prête au départ. Au signal « Prêts, partez ! », elle commença à faire de grands gestes circulaires. Moi, je devais sauter au bon moment, mais ma partenaire aussi devait s'appliquer à faire tourner la corde régulièrement. C'est pour cela que j'avais demandé à Miya, qui avait un excellent sens du rythme, de s'entraîner avec moi. Et hop, et hop, et pause. Et hop, et hop, et pause. On peut dire que nous nous sommes entraînés ! Nous étions parfaitement à l'unisson.

« Bravo à tous les deux ! Continuez pour voir si vous ne pouvez pas arriver jusqu'à trente ! »

Nous nous attelâmes à la tâche. Un petit saut, une courte pause. Un autre petit saut, une autre pause. Je ne sais pas comment Miya a pu accepter autant de séances d'entraînement à un rythme aussi particulier et mesuré.

Trente-quatre fois ! Notre meilleur score ! Peut-être était-ce le fruit de mon imagination, mais j'eus l'impression que même Miya était fière quand elle demanda : « On peut montrer à *sensei* maintenant ? » Nous partîmes à sa recherche pour lui présenter le résultat de notre entraînement intensif. Sans doute à cause du fait que nous étions très tendus, nous ne pûmes sauter plus de vingt-neuf fois.

*Sensei* rayonnait malgré tout : « Vous êtes des as ! » Grâce à Miya, mon amie, j'ai pris mille fois plus de plaisir à sauter à la corde que n'importe qui.

### *Le marathon d'Hakone*

À peu près à la même époque, on nous remit lors du cours d'éducation physique une « carte de marathon ». C'était une carte routière de la célèbre course de relais entre Tokyo et Hakone. Chaque fois que nous courions le « marathon » – c'est-à-dire que nous faisions le tour du terrain de l'école –, nous coloriions une étape supplémentaire sur notre carte.

Ce fut une nouvelle fois pour *sensei* l'occasion de se faire du souci et de se poser des questions. Après réflexion, il proposa la chose suivante à la classe : « Que diriez-vous si Ototake coloriait quatre étapes quand il a couru un tour ?

— D'accord ! hurlèrent-ils de concert.

— Ototake, est-ce que tu es d'accord toi aussi ?

— Oui, monsieur, je courrai tous les matins. »

Et voilà, *sensei* avait inventé une « règle d'Oto ». Je pourrais courir le marathon sans rester loin derrière les autres dans le coloriage de ma carte. Je mourais d'impatience de m'y mettre.

Le lendemain, j'étais un accro d'Hakone. Plus tôt j'arrivais à l'école et plus je pouvais courir. Je grondais ma pauvre mère pour qu'elle se dépêche de se préparer. Mais il y avait de l'anxiété dans le regard de mon maître lorsqu'il me surveillait.

En temps normal, très perceptif au danger potentiel, je ne m'approchais jamais d'une foule. J'étais même tellement respectueux de cette règle que je m'étais fixée que, peu importait la chaleur et ma soif, je me privais d'eau si un groupe de gens se pressait autour de la fontaine. Cependant, en courant le marathon, nous suivions tous le même chemin, qui faisait le tour de l'école. Comme je courais en traînant mes moignons en position assise, les enfants qui arrivaient derrière risquaient de ne pas me voir. Quant à ceux qui parlaient en courant, il me fallait être suffisamment prompt pour les éviter. Plus les élèves étaient grands – comme ceux de CM1 et CM2 –, moins ils avaient de chances de me voir. *Sensei* craignait que je fasse un vol plané.

Mais ses peurs étaient totalement injustifiées. En effet, quelques élèves de CM2 éprouvaient les mêmes craintes : ils couraient donc à mes côtés.

Comme mon allure ne correspondait même pas à un jogging, ils prirent des tours de rôle, s'acquittant de leur tour avant de revenir sur leurs pas pour prendre le relais auprès de moi. Ils me faisaient ainsi une escorte qui m'accompagnait tout au long des quatre côtés du parcours. Il s'agissait d'une véritable équipe de gardes coureurs.

Il neigea beaucoup cette année-là, et la neige, en fondant, laissa plusieurs endroits boueux dans la cour de l'école. Ils m'aidaient à passer en disant : « Tu vas te mouiller le derrière ! » *Sensei* se réjouissait autant que moi de cette solidarité.

L'association des idées de *sensei*, de la solidarité de mes condisciples et de l'attention des autres élèves me permit de profiter pleinement de l'éducation physique sans aucun sentiment de découragement.

*Sensei* me dit par la suite qu'il avait eu très peur, en proposant de me gratifier de quatre étapes par tour, que les enfants ayant de mauvais résultats à la course s'y opposent. Mais toute la classe acquiesça. Nous avons donc passé la meilleure partie de l'année ensemble car ils avaient tous réussi à me comprendre. Quand on mettait un handicap à chacun d'entre nous, je pouvais participer à tout.

En fait, c'est peut-être bien Takagi *sensei* qui, pour une fois, prit une leçon. Car ce sont d'abord les élèves qui inventèrent les « règles d'Oto ».

6

# Le bon goût des boules de riz

*Hé, c'est de la triche !*

J'attendais toujours avec une grande impatience nos sorties de classe, qui avaient lieu deux fois par an. Je me réjouissais particulièrement de la balade avec les copains, mais je dois avouer que le fait de prendre le train ajoutait un grand frisson à cette première joie. En effet, ma famille se déplaçant généralement en voiture, je n'avais guère l'occasion d'utiliser ce moyen de communication. C'est pourquoi la sortie scolaire – l'aventure avec *sensei*, les copains *et* le déplacement en train – était un vrai régal.

Dans les petites classes, nos excursions se limitaient aux parcs avoisinants et aux zoos, ce qui était tout à fait abordable en fauteuil roulant. Mais, chaque année, le programme se corsait, exigeant toujours plus des élèves. En CM1, nous atteignîmes des cimes sur l'échelle des difficultés.

Nous avons appris la nouvelle à la rentrée des vacances de printemps. « Lors de notre prochaine sortie, nous escaladerons une montagne. » On ajouta que cette ascension serait dure, même pour un adulte. Les mots se dessinaient dans ma tête – encore plus dure dans un fauteuil roulant !… « Cette fois-ci, c'est fichu, pensai-je, peu importe l'envie que j'ai de m'engager dans toutes les activités, il n'y a pas moyen d'être de celle-là. » Il me fallait demander à maman d'annoncer à *sensei* que je ne participerais pas à cette sortie.

*Sensei* ne l'entendit pas de cette oreille. « Je pense que cela va aller dès que nous serons sur place, répondit-il à ma mère, il n'est pas question de le laisser à mi-chemin. » Cela étant, de retour de la journée de reconnaissance sur place avec les professeurs, *sensei* était nettement moins confiant. La montagne était vraiment raide et escarpée. Lors des balades, j'utilisais d'habitude un fauteuil plus léger, au commandement manuel et non électrique, plus facile à manier sur tous les terrains. Certains professeurs ne pensaient pas qu'il me soit possible de participer à l'excursion avec le fauteuil léger. Des bruits de ce qui fut dit pendant leur trajet de reconnaissance parvinrent jusqu'à moi. « On n'arrivera jamais à faire monter le fauteuil jusque-là », « peut-être pourrait-on le faire glisser sur une pente comme ceci », etc.

Au sens strict du terme, l'expédition de reconnaissance consistait à localiser les toilettes, choisir les aires de repos, s'assurer qu'il y avait un espace où tous pourraient se mettre en rang. Cette fois-ci, les professeurs de CM1 avaient une priorité : « Comment faire pour emmener Ototake avec nous ? » L'un d'eux, grand gaillard costaud, offrit son aide : « Je le porterai sur mes épaules s'il le faut. Emmenons-le et ne vous faites pas de souci. » D'une façon ou d'une autre, une chose était sûre : tous les enseignants de CM1 avaient décidé de m'emmener au sommet de cette fichue montagne.

La semaine suivante eut lieu un conseil de classe. Un conseil de classe plutôt étonnant. Son objet ? Que faire d'Oto dans la situation présente ? *Sensei* commença en ces termes : « Pour notre prochaine sortie, nous allons faire l'ascension du mont Kobo dans le canton de Kanagawa. D'accord, tout le monde ?

— D'accoooord…

— Je me suis rendu sur les lieux avec les autres instituteurs et la pente est plutôt raide. Qu'en pensez-vous ? Êtes-vous toujours d'accord ?

— Ouiiiii…

— N'oubliez pas qu'Ototake est en fauteuil. Sa mère m'a dit l'autre jour qu'il ne participerait pas à la balade cette fois-ci. Qu'en pensez-vous ? »

Une voix s'éleva parmi les élèves : « C'est de la triche ! »

Takagi *sensei* ne put cacher sa stupeur. C'était la dernière réponse qu'il attendait. Il faut dire qu'elle était plutôt surprenante.

Une voix renchérit : « La montagne est si raide que ce n'est pas du jeu si Oto n'y va pas ! »

Les « C'est vrai, ça ! » déferlèrent d'un coup dans les oreilles de *sensei*. C'était justement la voix de ceux qui auraient à donner de leur personne si je venais. À leurs yeux, monter un fauteuil roulant jusqu'au sommet d'une montagne escarpée était un défi suffisamment difficile à réaliser pour qu'on tente le coup. Ils le disaient avec leurs mots : « Oto aussi doit pouvoir relever le défi de la montagne ! » Cela n'avait pas de sens qu'un seul des élèves de la classe soit exclu de l'exploit. C'est ainsi que je fus invité à défier le mont Kobo.

*Un travail d'équipe*

Les cieux ne nous étaient pas *a priori* favorables. Il plut des cordes au matin du grand jour. Le plan prévoyait de repousser la randonnée au lendemain s'il pleuvait – ce qui signifiait aussi que, même si l'on partait avec un jour de décalage, il faudrait se payer une piste boueuse.

Par ailleurs, à cause de la pluie, nous perdions l'arrière-garde dont nous aurions pu disposer. En effet, ma mère nous accompagnait lors des sorties mais, pour cette ascension, mon père, beaucoup plus fort, avait pris un jour de congé. Le lendemain, il lui fallait impérativement se trouver à Nagasaki, ce à quoi il n'y avait pas moyen de surseoir.

Avec tant de données en jeu, il pleuvait. Et l'embellie qui apparut à midi, faisant place à une journée plutôt agréable, me fit ressentir d'autant plus douloureusement la pluie battante du matin. Le temps se stabilisa suffisamment pour permettre de maintenir la sortie du lendemain. Nous y étions enfin, au pied de ce mont Kobo, qui se dressait aussi menaçant que mystérieux au-dessus de nos têtes et me jetait un regard de défi semblant dire : « Alors, toi, tu comptes m'escalader ? » Même *sensei*, qui pourtant avait dit : « Je pense que cela va aller dès que nous serons sur place », n'avait plus l'air si sûr de lui. Quant à moi, je n'en menais pas large et les doutes se pressaient dans ma tête : monter *tout là-haut* en fauteuil roulant ? Était-ce possible ? Le mont Kobo est vraiment terrifiant. Il fait tellement peur qu'on est en droit de se poser des questions.

Dès le tout début de la marche, la piste présentait une forte pente qui montait de façon abrupte pendant cinq à dix minutes. La raideur n'était rien à côté de l'étroitesse du sentier et de la mollesse du terrain que la pluie avait détrempé. À certains endroits, les roues du fauteuil s'enlisaient presque. Quand on le poussait normalement, on n'avançait qu'à grand-peine. À plusieurs reprises, il fallut soulever les roues avant et suivre la pente en marche arrière. C'est ainsi que tout le monde mit la main à la pâte, même le directeur adjoint de l'école.

Ce début n'était guère encourageant. Pouvions-nous tenir ainsi jusqu'au sommet ? Comme je n'avais jamais gravi aucune montagne auparavant, j'était bloqué par cette première pente. Je lui aurais bien donné un nom symbolique, du genre

« arrêt du cœur », tant mon propre cœur était près de s'arrêter sous le poids de l'angoisse qui l'écrasait.

Heureusement, pendant un bon moment, à l'exception de quelques hauts et quelques bas, la randonnée se poursuivit dans une sérénité relative après un début pour le moins affolant. Takagi *sensei*, qui n'avait pas une grande puissance physique, réservait ses forces pour les passages les plus ardus et laissait les enfants tirer et pousser la voiture quand la piste le permettait.

En CM1, on commence à pouvoir compter sur quelques gaillards relativement solides. Daisaku et Shin, les deux plus robustes de la classe, prirent le fauteuil en charge. Mais leur force n'était que celle de leur âge, c'est-à-dire dix ans. Ils progressaient donc lentement sur le terrain défoncé et il fallut leur adjoindre quelqu'un pour soulever les roues de devant quand elles s'embourbaient, et pour enlever les pierres et les brindilles les plus dangereuses, tâche dont s'acquittèrent les petits élèves, plus agiles à se rabattre pour laisser passer le fauteuil.

Miya se plaça sur ma droite et Takayuki sur ma gauche. Quand les roues heurtaient un obstacle, elles le faisaient disparaître prestement avec une parfaite synchronicité. Quand la pente s'accentuait, *sensei* et les autres instituteurs se mettaient à pousser et nous nous élevions ensemble. C'était là un travail d'équipe.

Tous avaient le visage rougi par l'effort, le cou dégoulinant de sueur et les genoux passablement boueux. Je pèse mes mots quand je dis que, ce jour-là, ils dépensèrent toutes leurs forces pour moi. J'étais profondément troublé, balançant entre la gratitude et l'envie de m'excuser auprès de chacun d'eux. Ajoutons à cela la frustration de ne rien pouvoir faire pour les aider, et l'on obtient une idée de ce que je ressentais ; je ne savais quoi dire, je ne pouvais prononcer le moindre mot. Je n'avais qu'une envie : sauter par terre et pousser avec eux. Comme cela était impossible, je me suis mis à prier. Je priai pour qu'on arrive au sommet le plus vite possible.

Mais il fallut encore du temps, beaucoup de temps avant de l'atteindre. J'avais l'impression que l'on marchait depuis trois jours. Au tournant du chemin, la lumière apparut enfin à travers les feuillages des arbres devant nous. Tout le monde accéléra le mouvement d'un coup. Un dernier effort nous hissa au sommet. Là, une vue somptueuse nous attendait. Un paysage de toute beauté s'étendait devant nous. Nous avions tous conquis de haute lutte le mont Kobo.

« On l'a eu ! !

— *Sensei*, regardez, regardez !

— Ouah, que c'est beau ! »

Les cris d'excitation montaient ici et là. Certains enfants se laissèrent tomber par terre, d'autres vidèrent d'un trait leur gourde, d'autres encore vinrent près de moi me serrer la main : « On l'a fait, hein Oto, on l'a bien eu ? » Quels que fussent leurs mots et leurs gestes à ce moment-là, leurs visages irradiaient de satisfaction et de fierté.

Je savais qu'il aurait fallu que je fasse le tour des élèves pour les remercier, mais j'étais moi-même trop épuisé. J'avais l'impression d'être une loque sans en connaître vraiment la raison. Je crois que j'ai été en quelque sorte pompé dans le fauteuil roulant. Pompé par l'effort de tous. Cela montre à quel point je communiais en pensée avec les randonneurs.

Et si aujourd'hui on me demandait « Quelle est la meilleure nourriture que tu aies jamais eu à goûter ? », je répondrais sans la moindre hésitation : « Les boules de riz que j'ai mangées ce jour-là au sommet du mont Kobo. »

# 7
# Le V qui barre mon dos 

*Retour du cauchemar !*

Que ce soit dans les vestiaires scolaires ou, lorsque je suis loin de chez moi, quand on m'aide à prendre un bain, nombreux sont ceux qui restent le souffle court à la vue de mon dos. Les gens sont surpris de l'immense cicatrice qui court de mes épaules au bas de mes reins comme si l'on avait peint un immense V sur toute la largeur de mon dos. Cette cicatrice leur fait mal. Elle n'est que le témoin d'une série d'opérations que j'ai subies lorsque j'étais en CM1.

Cela commença, pour être précis, dès l'école maternelle. Dans la mesure où les os grandissent plus vite que les tissus mous, si l'on n'avait rien fait, les os de mes bras auraient traversé la chair et percé la peau au bout des moignons. Des ulcères commencèrent du reste à se développer au bout de mes bras dès l'âge de cinq ans. Il fut donc décidé de m'opérer.

Le chirurgien transplanta un peu du tissu osseux de ma hanche pour l'insérer en coin au bout des os de mes bras afin de prévenir une future croissance. J'étais à l'époque beaucoup trop jeune pour garder le moindre souvenir de tout cela, mais mes parents en ont conservé intacte la mémoire. D'abord, la tension de me voir partir vers la salle d'opération. L'attente qui n'en finissait plus avant que je sorte des mains du chirurgien. Enfin les mois passés dans un plâtre au fond d'un lit d'hôpital. Jamais, au grand jamais, ils n'auraient voulu passer par là de nouveau.

Pourtant, cela n'était qu'un début. L'année de mes dix ans, des changements commencèrent à se faire sentir dans mes bras. Là où ils étaient ronds comme des pommes de terre, ils s'affinèrent et devinrent pointus. Cela ne me gênait pas au début, mais je ne pus ignorer très longtemps ce changement car il devint douloureux. Il s'agissait d'une douleur lancinante comme si on me donnait des coups de poignard, quelque chose que je n'avais jamais connu. À l'hôpital, après un examen aux rayons X, on nous confirma que les os étaient de nouveau en train de tenter de traverser les chairs. J'étais en pleine croissance et mes os grandissaient très rapidement.

Cela faisait chaque jour un peu plus mal. Le seul contact de mes vêtements contre mes bras quand je me changeais suffisait à provoquer des douleurs aiguës, qui augmentaient progressivement. On m'autorisa exceptionnellement à ne pas me changer pour l'éducation physique. Il faut reconnaître que j'ai beaucoup aimé cette matière car, malgré la douleur terrible qui me lancinait, je ne l'aurais manquée pour rien au monde !

Cependant, ce problème ne tarda pas à interférer même avec l'éducation physique et la récréation. Dans un premier temps, je fus dans l'impossibilité de participer à mes jeux de ballon favoris. Comment supporter le contact du ballon quand celui de mes propres vêtements était devenu insupportable ? À la fin, je ne pouvais même plus courir. Comme je sautillais sur mes moignons, tout mon corps se mouvait de haut en bas, et le petit choc conjoint à chacun de mes « atterrissages » faisait vibrer mes bras et lançait la douleur. J'avais l'impression que des fils métalliques pénétraient en moi et circulaient dans tout mon corps.

Comme l'activité physique représentait une grande part de ma vie, perdre peu à peu tout ce que je pouvais faire fut une véritable torture. En fin de compte, ce que nous craignions le plus arriva. Les extrémités commencèrent de suppurer. On décida de m'opérer et rendez-vous fut pris pour les vacances scolaires à la sortie du CM1.

*Le chirurgien est prêt, moi pas !*

Le fait que je n'avais ni bras ni jambes posa aux chirurgiens toute une série de problèmes d'ordre logistique dans la préparation de l'intervention chirurgicale. Il fallut d'abord envisager l'anesthésie générale. Dans la mesure où j'étais de petite taille, on devait m'administrer une dose différente des autres. Comme la moindre erreur de calcul pouvait provoquer un accident sérieux, l'anesthésiste eut quelques sueurs froides.

Ensuite se posa le problème de la prise de sang et de la transfusion sanguine. On m'expliqua qu'il est plus facile de piquer l'aiguille dans une des veines du bras mais il n'y en avait pas chez moi. Le docteur se tenait debout, les bras croisés, l'air pensif, jusqu'à ce qu'il lance une idée lumineuse qui me fit, quant à moi, pâlir.

« J'ai trouvé. Te souviens-tu que, pour prendre ton pouls, j'ai posé le doigt sur ton cou ? » C'était exact. Il décida d'utiliser une veine du cou pour faire des prises de sang et une transfusion. Voilà bien une chose à laquelle je ne m'habituerai jamais, encore aujourd'hui. L'aiguille vient se loger contre le visage. Chaque fois qu'on me fait cette prise, je suis « plus mort que vif ».

Un jour d'été caniculaire – c'était déjà mon cinquième jour à l'hôpital certes, mais ce serait toujours trop tôt pour moi – vint le moment de l'opération. Rien de tout ce qui se passait ne me semblait vraiment réel jusqu'à ce qu'on me fasse enfiler, longtemps avant l'heure H, cette pièce de tissu qu'on appelle la chemise opératoire. Je pris alors conscience dans un déchirement que l'instant était venu, et l'angoisse déferla en moi par vagues successives.

Cette opération devait être différente de la précédente. Le tissu musculaire prélevé de mon dos serait greffé sur mon bras gauche pour en envelopper l'extrémité. L'idée de base était que le muscle, qui grandit plus vite que les autres tissus mous, serait en mesure de suivre la même croissance que l'os.

On m'installa sur cette sorte de chariot que j'avais souvent vu à la télévision et on m'emporta vers la salle d'opération. Des larmes perlaient quand on me sépara de mes parents, mais je les ravalai : cela ne ferait pas bien de pleurer. En y repensant aujourd'hui, je suis impressionné d'avoir pu me soucier de cela à un moment pareil. Mais dès que je fus hors de portée de leur regard et que les portes eurent claqué derrière moi, une seule petite larme roula le long de ma joue. J'avais beau jouer les durs, je n'avais que dix ans. Et très peur.

Pleine de compassion, une infirmière m'adressa la parole : « Tu as peur de cette opération ?

— Mmm.

— Tout va bien se passer. Dès que tu entreras dans la salle, on te donnera un médicament pour que tu t'endormes et quand tu te réveilleras ce sera terminé. Tu ne vas rien sentir. »

Au moment où elle prononçait ces paroles réconfortantes, je fus immédiatement anesthésié. Tout en perdant doucement conscience, je sentis le monde filer loin de moi, à moins que je n'aie été aspiré vers un ailleurs. Allez savoir pourquoi, une conversation entre une infirmière et un médecin reste gravée dans ma mémoire.

« Quel âge a votre fils maintenant, docteur ?

— Le mien ? Il a treize ans. Il est au collège.

— Est-il si grand ? Comment s'appelle-t-il déjà ?

— Ryutaro. Il se plaint que son nom est compliqué à écrire et que cela lui fait perdre du temps les jours d'examen. »

Quand je revins à moi, c'était le soir. L'opération avait duré plus longtemps que les trois heures initialement prévues. Autant qu'il pouvait se prononcer, le corps médical déclara que c'était un succès.

## *Jours de blues*

Dans cet hôpital très spécial, les infirmières s'occupaient de tout. Ce n'était pas un de ces établissements où les parents ou un membre de la famille peuvent rester pour assister le patient, lui tenir compagnie et prendre soin de lui. Les visiteurs, parents compris, n'avaient droit qu'au créneau horaire restreint de 15 heures à 19 heures. Le jour de l'opération ne fit pas exception : à sept heures du soir, les parents furent invités à partir.

« Nous allons nous occuper de lui maintenant. Rentrez chez vous. » C'était un ordre.

J'étais trop vaseux à ce moment-là pour m'en rendre bien compte mais, au fur et à mesure que les jours passaient, je me sentis de plus en plus seul. Quand sonnaient les sept heures fatales, je faisais des histoires pour que mes parents restent « encore une minute ». Ma mère se souvient aujourd'hui comme il lui était difficile de s'arracher à moi.

Cette solitude était due en partie à l'état de faiblesse conséquent à l'opération, mais je crois que la principale raison en était le contact avec les autres enfants, ou plus précisément l'absence de contact. Non que je fusse ignoré ou que l'on me cherchât querelle, mais nous étions à l'hôpital. Des patients différents allaient et venaient chaque jour, et ceux avec qui je liais un peu connaissance étaient vite sortis. Dans le service d'orthopédie où j'étais hospitalisé, nombre d'enfants venaient pour un membre cassé et restaient très peu de temps. Pour le patient de long séjour que j'étais, le lieu n'était pas idéal pour se faire des amis.

N'oublions pas non plus que j'étais handicapé. Je n'entends pas par là qu'un handicapé ne peut pas se faire d'amis, mais ce handicap était très loin de l'esprit des autres enfants, qui avaient peur quand ils me voyaient pour la première fois. Je suis sûr que j'aurais pu me faire des copains s'ils avaient eu, à l'instar des élèves de mon école, le temps de s'habituer à moi. Mais ils quittaient tous l'hôpital trop tôt pour cela.

Autre raison de ma solitude : sans doute pour éviter les troupes bruyantes d'enfants qui pleurnichent dans tous les coins, l'accès à l'hôpital était interdit aux enfants de moins de quatorze ans. Certains de mes copains voulurent me rendre visite mais ne purent jamais contrevenir à cette règle. Comme mon but et mon plaisir dans la vie était de jouer avec eux, ne pas les voir pendant près de deux mois fut pour moi une terrible épreuve. C'était comme si on m'avait laissé tomber lourdement au beau milieu du désert.

Dans ces conditions, mon mental généralement gagnant s'affaiblit pendant mon séjour à l'hôpital. J'étais saisi de découragement. Un jour, une infirmière qui me voyait broyer du noir prit le temps de s'asseoir pour discuter avec moi. J'avais été tellement frustré de relation humaine que je me mis à parler, à parler sans m'arrêter un seul instant. Tout. Je lui racontai tout. L'opération, mon école, la vie à l'hôpital, mes dessins animés favoris et ma solitude.

Elle m'écouta avec une grande attention et un sourire qui pétilla du début à la fin. Quand j'eus terminé, elle posa doucement sa main sur mon épaule. Depuis quand n'avais-je pas senti une telle chaleur humaine ? La douceur de ce contact irradia mon corps, me rassura et toute la tension s'envola d'un coup. Je laissai s'échapper de moi les larmes que je retenais depuis trop longtemps et éclatai en sanglots : « Je veux rentrer à la maison. »

J'étais dans un état tel que la moindre attention me touchait au plus profond de moi-même.

Je sentais toute la chaleur d'un geste de tendresse. Je n'avais jamais été très attentif à tout ce que mes amis et mes professeurs faisaient pour moi. Cet épisode fut une leçon.

En effet, Takagi *sensei*, qui savait par ma mère comment j'allais, ou plutôt comment je n'allais pas, avoua qu'il ne le supportait qu'à grand-peine. Dès que l'école reprit, il proposa en classe que chacun m'écrive une lettre. La réponse qu'il obtint le prit de court.

« *Sensei*, j'ai fait passer un cahier d'exercices et nous avons tous écrit quelques lignes.

— *Sensei*, nous avons fait des pliages ! Nous allons lui offrir mille grues en papier.

— *Sensei*, hier, j'ai été acheter des bonbons et je les ai portés à la maison d'Ototake pour qu'il les mange à l'hôpital. »

Pendant la fin de mon séjour, tout le monde m'envoya ses vœux afin que je garde le moral. Les deux mois passèrent. On m'ôta les points de suture et on me débarrassa du plâtre. C'est avec une certaine crainte que j'abordai le reflet de mon dos dans le miroir. La cicatrice partait du bout de mon bras, passait sous mon aisselle et coupait en diagonale mon dos comme si Zorro y avait mis un coup d'épée.

Mon père me dit : « Hiro, on t'opérera du bras droit pendant les vacances d'hiver. Tu auras exactement la même cicatrice de l'autre côté. Cela fera un V : le V de la victoire. »

Cette cicatrice n'était déjà plus une souffrance. Elle était une médaille.

# 8

# Les éditions Otohiro

## *Oka* sensei

En CM2, nous eûmes un nouvel instituteur. Il n'avait pas encore la trentaine et c'était un solide gaillard, ex-joueur de football. C'est lui qui avait offert de me porter sur ses épaules dans notre ascension du mont Kobo. Parce qu'il était proche de ses élèves du fait de son jeune âge, il les comprenait bien, ce qui le rendait très populaire.

Quand je suis entré à l'école primaire de Yohga, deux professeurs avaient demandé à me prendre dans leur classe. L'un était Takagi *sensei*, l'autre ce nouvel instituteur, Oka *sensei*. Comme, à l'époque, ce dernier était très fraîchement émoulu de l'école d'instituteurs, le directeur avait décidé qu'il était trop jeune pour porter la responsabilité d'un enfant comme moi. Mais, lorsque Takagi *sensei* partit en retraite, Oka *sensei* prit le relais.

J'étais un peu tendu à l'idée de changer d'instituteur. Nous commençâmes l'année par un grand nettoyage (c'est très courant au Japon). J'avais coincé un balai-éponge sous ma jambe comme je le faisais toujours et lavais par terre. Comme je ne pouvais pas le tenir avec les mains, je ne pouvais nettoyer ni les murs ni les chaises, ce qui me laissait le sol comme seul terrain d'intervention. Et encore ne pouvais-je utiliser qu'une serpillière sèche, car je me serais mouillé les jambes et le fond du pantalon si elle avait été humide. Oka *sensei*, qui me regardait faire pour la première fois, m'appela à la salle des professeurs : « Il nous faut parler un peu tous les deux », dit-il.

Me demandant ce qui se passait – m'y prenais-je mal tout à coup ? –, je le suivis. Quand il arriva à son bureau, il s'accroupit sur le sol. La différence de hauteur de près d'un mètre qui nous séparait fut ainsi supprimée et nous nous trouvions au même niveau, les yeux dans les yeux. C'est la première fois que je pus parler avec lui d'homme à homme.

### *Un drôle d'engin*

*Sensei* prit sur son bureau une sorte d'engin qu'il plaça sur le sol devant moi. Il s'agissait d'une machine de traitement de texte.

« Le nettoyage auquel tout le monde s'adonne est un problème pour toi, n'est-ce pas ?

— Mmm.

— Et il y a d'autres choses que tu ne peux faire sans l'aide des autres, n'est-ce pas ?

— Oui.

— Bien, que penses-tu de t'acquitter de ta part de service pour la communauté en utilisant ceci ? »

Dans un sens, il adoptait la tactique exactement inverse de Takagi *sensei*. Au lieu d'opter pour l'absence de traitement spécial à mon endroit, au lieu de me faire faire exactement les mêmes activités que les autres dans la mesure de mes moyens, Oka *sensei* prenait une option différente : « S'il ne peut pas faire certaines choses, nous trouverons un compromis. » Cela dépassait, je pense, la différence de démarche. Car Oka *sensei* tenait sans doute compte d'un fait nouveau : à cet âge-là, mes copains se développaient physiquement à pas de géant, et viendrait le moment où je pourrais faire de moins en moins de gestes comme les autres.

Il était également conscient que, dans la vie quotidienne, il y avait un monceau de choses que je serais obligé de lui demander ou pour lesquelles je solliciterais mes camarades de classe. S'ils m'aidaient bien volontiers, je ne me sentirais peut-être pas très bien dans ma peau du fait de cette dépendance. Qu'adviendrait-il alors si je déprimais, par sentiment d'impuissance et d'inutilité ? *Sensei* voulait donc me confier une tâche que je serais seul à pouvoir accomplir, de façon que, les jours où je me sentirais médiocre, je puisse garder la tête haute et penser : « Mais, moi, je fais cela pour la communauté. » C'est ainsi qu'il eut l'inspiration de me confier le maniement du traitement de texte.

Les mots « Je vais le faire » sortirent de ma bouche bien avant que je me demande si j'allais être vraiment capable de taper sur le clavier avec mes moignons et de maîtriser la machine. Car je ne suis pas un as de la technologie. Mais aucun enfant de onze ans n'aurait résisté à ce drôle d'engin qui fait apparaître des lettres et des mots comme par magie quand on tape sur les touches.

Le lendemain, *sensei* lança « Les éditions Otohiro » – d'une contraction de mes prénom et nom, Ototake Hirotada. Le logo était bien calligraphié sur une grande enveloppe en papier bulle. « À vous l'honneur, cher président », dit-il en me tendant ladite enveloppe, destinée à recevoir les commandes et à les transmettre.

### *Le secrétaire*

Dès lors, la machine m'ensorcela. Je fus captivé, sans doute en partie par le plaisir de jouer avec, mais surtout par la responsabilité de la mission qui m'avait été confiée. « *Sensei* m'a donné un travail important. Il me faut apprendre vite pour être vraiment efficace. »

Je ne mis pas trop longtemps pour dactylographier le premier brouillon que *sensei* avait écrit à la va-vite, le mettre en page et en sortir une impression très correcte. Chaque jour, les occasions se présentaient plus nombreuses de faire appel aux « éditions Otohiro » – notes pour le tableau d'affichage, polycopiés, détail des sorties scolaires, etc. Mes performances dépassèrent les espérances de *sensei*, semble-t-il. Je reçus bientôt des ordres des autres instituteurs ainsi que des professeurs de musique, d'art et de travaux ménagers. Sans doute *sensei* s'était-il vanté en dehors de ma présence d'avoir un « secrétaire très efficace ».

En y repensant aujourd'hui, je ne serais pas autrement surpris de constater que je travaillais sans doute plus dur que les élèves chargés du nettoyage. Mais mon plaisir était si grand que je ne m'en souciais pas. Et je me réjouissais du regard stupéfait des professeurs quand je leur livrais un travail pour la première fois. Ils étaient sans doute à moitié convaincus, le jour où ils m'avaient passé commande, qu'un enfant sans bras ni jambes pût réaliser ce travail. J'entends encore les cris admiratifs de mes camarades de classe : « Ouah ! C'est toi qui as fait ça, Oto ? »

Oka *sensei* a dû être assez inquiet au début car je pense qu'il se demandait s'il faisait le bon choix en posant comme hypothèse que certaines activités étaient hors de ma portée et en me donnant d'emblée une tâche spécifique. J'aurais pu considérer cela comme de la discrimination. Il prit le risque d'implanter dans l'esprit des autres enfants le principe suivant : « Ototake est un être spécial. » En même temps, il sut saisir cette chance.

En arrière-plan de cette décision, sans doute y

avait-il l'idée qu'il fallait faire clairement la distinction entre ce que je pouvais et ne pouvais pas faire. Car elle prend toute son importance quand un handicapé sort de son milieu, s'engage dans le monde extérieur et choisit un métier. En me donnant une éducation qui voyait au-delà du présent les difficultés de l'avenir, il n'agissait pas différemment de Takagi *sensei*.

L'enveloppe des éditions Otohiro est tombée en poussière à force d'allées et venues. Mais j'en conserve la dépouille précieusement.

# 9

# Les coureurs du petit matin

## *Ma première course*

Dans la mesure où Yohga organisait une Journée des sports – sorte de festival doublé d'une rencontre sportive – au mois de mai, nous n'avions pas retrouvé les bancs de l'école que nous étions déjà en train de répéter. Jusqu'à présent, je n'avais pas participé aux courses. Il m'était arrivé de monter sur les planches ou de rejoindre une équipe quand il s'agissait de réussir le plus possible de paniers au basket. Mais comme je ne pouvais pas lancer le ballon très haut, ma fonction consistait à rassembler les balles qui tombaient sur le sol pour les relancer à mes coéquipiers.

Rester en dehors du coup étant ce que je haïssais le plus à l'école, pour être franc, je ne peux pas dire que j'aimais beaucoup cette fameuse Journée des sports. Pour comble de malheur, nous étions assis par classes : quand venait notre tour de concourir, je ne supportais qu'à grand-peine d'encourager les autres depuis des gradins complètement vides.

Et voilà que se profilait à l'horizon ma cinquième Journée. *Sensei* vint me voir un jour avec une idée en tête, et quand il me demanda ce que je ferais cette année, je ne compris pas tout de suite à quoi il faisait allusion. Il ajouta : « Veux-tu participer à une course ? » Sans doute ma constitution assez solide l'avait-elle encouragé à me faire cette invite. Je m'éclairai d'un immense sourire. « Oui, je voudrais bien courir », lui répondis-je.

Seulement, il me faudrait au moins deux minutes pour parcourir cent mètres. Le plus lent des enfants mettait vingt secondes. « Et si tu démarrais à mi-chemin, Hiro, aux cinquante mètres ? » Cela me gênait un peu, mais je n'étais pas assez sûr d'être capable de couvrir toute la distance et j'acquiesçai.

J'admire le courage dont il a fait preuve. En effet, l'une des raisons pour lesquelles je n'avais jamais été admis sur la piste jusqu'alors était la crainte des organisateurs face à la réaction des spectateurs. L'un d'eux, en me voyant me démener sur mes moignons, aurait pu dire : « Qu'est-ce qui leur prend de faire courir un enfant comme ça devant tout le monde ? Le pauvre. Ce sont des monstres. » À mon avis, c'est cette attitude-là qui aurait été plutôt discriminatoire, mais sans doute est-ce inévitable dans un pays tel que le Japon, où l'on est pris de pitié devant un handicapé. Oka *sensei* n'envisagea pas un seul instant ce genre de pensée, qu'il écarta d'un trait : « Ce n'est pas l'avis des spectateurs qui compte. »

*Mon meilleur ami*

Je m'étais pris d'amitié pour un garçon de ma classe qui habitait près de chez moi et s'appelait Minoru. C'était vraiment un chic type. Dès notre entrée en CM2, il m'aida énormément. C'était également un baby-sitter hors pair que se disputaient toutes les mamans du quartier. Tout en lui reflétait l'honnêteté et la simplicité.

Comme c'est la coutume au Japon, Yohga exigeait que les enfants issus du même quartier viennent en groupe. Comme il n'y avait pas d'élève de la section supérieure dans notre lotissement, c'est Minoru qui fut chargé de conduire le nôtre, parce qu'il était le plus responsable.

Je me souviens d'ailleurs d'une anecdote qui eut lieu pendant notre dernière année à l'école primaire. Pendant l'automne, on organisait des entretiens pour nous préparer à la candidature au collège libre. C'était obligatoire, quelle que soit la voie que nous choisissions.

Le directeur de l'école, qui faisait passer les entretiens, me demanda de donner le nom d'une personne que je respectais. La réponse parfaite aurait été « mes parents » ou une personnalité historique comme le grand bactériologiste Hideyo

Noguchi ou Helen Keller. Comme je n'avais absolument rien préparé parce que je ne comptais pas entrer dans une école privée, je fus un peu pris de court. Mais, après un instant d'hésitation, je répliquai : « Mon copain de classe Minoru. »

Le directeur fut pour le moins surpris de cette réponse. « Oui, et pourquoi cela ?

— Vous ne pouvez pas savoir, monsieur, comme il est chic. Les gens de notre âge s'enferment dans leurs problèmes alors que lui est capable de penser d'abord aux autres. C'est pourquoi je le respecte. »

À la fin de l'entretien, il conclut : « Je suis d'accord avec toi. Ton copain est un jeune homme très gentil qui a bon cœur. »

Je ne veux pas néanmoins donner l'impression que Minoru était le genre de type un peu ennuyeux, raide comme un piquet, auquel on donnerait le bon Dieu sans confession. Il nous arrivait d'en faire de belles.

Nous faisions partie d'un groupe de trois gars – on nous appelait le « trio infernal » –, le troisième larron étant un autre camarade de classe qui vivait dans l'immeuble situé en face du mien. Ce n'était pas le même genre que Minoru : autoritaire, ce chef-né qui aimait attirer l'attention était l'homme fort de la classe et participait à toutes les commissions. Il se jetait dans tout ce qu'il faisait à corps perdu. Un jour, il nous fit une proposition fort alléchante : « On dit qu'il y a des tas de pièces de monnaie qui jonchent le sol après la procession votive. » Je n'en avais jamais entendu parler, mais peut-être était-il sur un coup ! « Il faudra se lever tôt pour les battre tous de vitesse. » À ces mots, mes yeux et ceux de Minoru brillèrent de convoitise et, le temps de le dire, nous avions organisé un genre de « balayage au trésor » pour le lendemain de la fête.

Tout était consommé et nous étions ponctuels au rendez-vous à six heures et demie du matin sur les marches de pierre de la chapelle de Yohga, Coca en main et visages dépités.

« Où est l'argent ? ?

— Les organisateurs ont dû le balayer à l'aube.

— Il n'y a rien que des capsules de bouteilles. Pas de quoi s'offrir un Coca ! »

Même si nous bougonnions, j'étais heureux. Peu importait l'argent, j'avais à mes côtés des copains avec qui je faisais des bêtises. C'était bon de les savoir là.

Mais revenons à la Journée du sport. Maintenant qu'on m'avait donné la chance de participer à la course, mon orgueil me disait de ne pas me conduire comme un plouc devant tout le monde. Et quand on se traîne sur des moignons, il est difficile d'être élégant. Même à cet âge-là, le besoin d'avoir une certaine allure me galvanisait.

J'ai dû lire beaucoup trop de livres sur la boxe et l'entraînement de ses futurs champions car ma première pensée fut : « Debout au petit matin ! » Je n'avais encore jamais essayé de courir cinquante mètres sans interruption, mais je m'imaginais que j'en serais capable pour peu que j'entretienne ma forme en courant tous les matins.

Comme Minoru habitait tout près, je l'invitai à me soutenir moralement. Deux ou trois semaines avant le grand jour, nous entamâmes le programme intensif en nous retrouvant le matin à six heures et demie pour une course autour du pâté de maisons. Cela me prenait une demi-heure et nous sortions tous les jours, sauf quand il pleuvait.

J'étais plein de confiance. Étant donné mon entraînement soutenu, j'étais sûr de pouvoir compter sur moi-même le jour J. Mais plus celui-ci approchait et plus mon impatience grandissait. Et cela ne me posait aucun problème de me lever à l'aube tous les matins.

Quant à Minoru, ces « courses » n'étaient pas vraiment de l'entraînement, plutôt une promenade de santé matinale autour du pâté de maisons. Il ne courait pas mais marchait à peine un peu plus vite que d'habitude, avec des pauses. Cependant, il ne montra jamais la moindre réticence et aucune plainte ne sortit de sa bouche. Il était ponctuel au rendez-vous de six heures et demie, m'attendant toujours comme si de rien n'était. Le sourire aux lèvres.

### *Mes débuts de coureur*

Le grand jour arriva enfin. Le temps ne pouvait pas être plus clément – un soleil encore doux éclairait un ciel sans nuages. Bien avant que ne sonne l'heure, j'avais le cœur battant. Puis vint le tour des CM2. Quand la foule vit qu'on traçait une ligne à cinquante mètres, les visages exprimèrent de la surprise. Je trottinai jusqu'à ma marque. Mouvements divers. Je me sentais en vedette.

Coup de pistolet. Nous voilà partis. Les cinq autres coureurs couvrirent la distance qui nous séparait en un clin d'œil et me laissèrent dans un sillage de poussière au virage. Comme je l'ai déjà dit, même les enfants les moins rapides peuvent couvrir cent mètres en vingt secondes. En d'autres termes, en vingt secondes, il n'y avait plus que moi sur la piste. C'était un *one man show*. J'entendais les cris d'encouragement : « Vas-y, vas-y ! » parmi les applaudissements qui prenaient doucement de l'ampleur. Bien qu'un peu gêné, j'en fus heureux.

Dans les dix derniers mètres, j'eus un coup de fatigue et ralentis. La voix de *sensei* sonna à mes oreilles, impérative : « Ne te repose pas, avance ! » Ma joie d'être dans la course revint et me donna un dernier sursaut d'énergie.

Je passai la ligne d'arrivée plus de vingt secondes après les autres. Mais je ressentais un immense sentiment d'accomplissement. J'y étais arrivé. Sous les applaudissements de la foule, je m'alignai derrière le calicot où l'on pouvait lire : 6e. Je fus sans doute le seul enfant à éprouver autant de fierté à ce rang que si j'étais monté sur la première marche du podium. Avant que je m'en aille, Oka *sensei* me demanda si je courrais l'année suivante. Sans hésiter, je répondis : « Oui, maître. »

# 10
# Le champion de kanji

*Pour un dépassement de crédit*

Oka *sensei* était plein d'idées. Il inventait toujours quelque chose. Il réservait aux étourdis et aux fauteurs de troubles le pupitre situé le plus près de la porte de façon qu'ils s'y asseyent et réfléchissent à leur erreur : on l'appelait « l'île du diable ». Quand on oubliait quelque chose à la maison, la règle était d'écrire des lignes et des lignes de kanji, ces caractères chinois que l'on trouve dans l'écriture japonaise. Cela étant, il donnait aussi le moyen d'y échapper : il distribuait les « laissez-passer de kanji » quand on s'était bien tenu. En posséder permettait d'échapper à l'exercice si l'on s'était montré étourdi. Son invention la plus malicieuse était sans conteste les « tests de kanji », qui eurent sur moi l'effet d'un charme.

L'inédit de la chose résidait dans la notation. Habituellement, on donne une phrase qui contient un mot écrit phonétiquement et qu'il faut remplacer par les caractères chinois justes pour faire correspondre la prononciation et le sens de la phrase. Par exemple, on vous demande d'écrire *kaiso* dans la phrase « ___?___ l'intérieur d'un magasin » et la prononciation suivante : *kaiso*. Il faut remplir le blanc en écrivant 改装, signifiant « réaménager » et se prononçant *kaiso*. Mais Oka *sensei* avait ajouté sa touche personnelle à la règle : juste sous l'espace à remplir, il fallait mettre autant d'homonymes que nous pouvions en trouver – c'est-à-dire les mots qui avaient la même consonance mais une orthographe et un sens différents – et il nous donnait tout crédit. Dans le cas de *kaiso*, on obtenait dix points si l'on pensait à 階層, « strate, couche » et dix points de plus si l'on écrivait 回想, « souvenir ».

Ainsi, le maximum de points n'était pas cent sur cent mais pouvait atteindre cent cinquante ou deux cents. Chacun y mettait tout son cœur car plus les mots étaient difficiles à trouver et plus on gagnait de points. Par exemple, pour *kanso*, on pouvait trouver : 感想, « impressions », 乾燥, « séchage », 歓送, « envoi », 間奏, « interlude », 完走, « arriver au but »…

Avec cette nouvelle règle, *sensei* fut pris à son propre piège. Il devait sans cesse interrompre son travail pour corriger nos papiers car certains des enfants ne reculaient devant rien, allant même jusqu'à noter des noms d'entreprise. Il n'arrêtait pas de vérifier l'existence de ces termes dans le dictionnaire. Il s'était pris au jeu, notant les questions qui libéreraient le plus notre créativité, notre imagination galopante lâchant les rênes, reine, rennes…

L'élève qui totalisait le meilleur score au bout de cinq exercices de ce genre était déclaré champion de la session. Et le champion, c'était toujours moi. Le fait de passer plus d'heures que les autres à la maison après l'école était mon allié en la matière : le championnat de kanji nécessitait un fastidieux travail de recherche dans le dictionnaire. Une de mes motivations également était que, par nature, je détestais perdre.

La compétition avait lieu en deux temps. Il fallait d'abord trouver les mots puis les mémoriser. Mon dictionnaire ne contenait malheureusement pas assez de mots composés pour me permettre de triompher. C'est alors qu'une petite annonce dans le journal retint mon attention et ce fut le coup de foudre. Il s'agissait d'un trésor, débusqué là par le plus grand des hasards. Un trésor portant le doux nom de dictionnaire puisqu'il s'agissait du *Daijirin*, qui devait bien faire ses dix centimètres d'épaisseur. À la seule pensée de tous les mots composés qu'il recelait, mes yeux s'arrondissaient comme devant un steak bien saignant.

Son prix n'était pas mince, près de vingt dollars de l'époque, soit environ cinq cent cinquante francs, hors de portée de ma bourse. Mais la déesse du kanji veillait sur moi. Décembre n'était pas loin et Noël montrait déjà le bout de son nez. Quand ma grand-mère s'enquit du cadeau qui me ferait plaisir, je répondis sans hésiter : « *Daijirin* ! » J'ai dû lui faire l'effet d'un petit-fils sérieux et bien appliqué. À mes yeux, le kanji était un jeu et le dictionnaire convoité, un jouet coûteux bien plus qu'un outil pédagogique.

Enfin, ce jouet était mien et j'étais paré à tous les tests, aussi ferme qu'un roc.

### *Ce à quoi jamais personne ne pourra me battre*

Bien que tenant du titre, ma position était menacée par une épée de Damoclès en la personne d'une rivale qui me talonnait de près. C'était la plus brillante élève de la classe. Généralement tranquille et aimable – du genre à lire dans la classe pendant la récréation –, elle devenait d'une audace folle dès qu'elle prenait la parole. C'était tellement inattendu d'une fille que même les garçons en avaient peur.

Un jour, elle me déclara la guerre. « Tu m'as battue pour la dernière fois l'autre jour, Oto, tiens-le-toi pour dit ! » Oka *sensei* lui avait d'évidence soufflé de ne pas me laisser jouer les types importants trop longtemps, ce qui avait été immédiatement suivi de l'effet escompté.

Comme un enragé que j'étais, je lui rétorquai : « Je serai champion la prochaine fois, tiens-le-toi pour dit !

— Oh non ! Je te le dis, je peux te battre sur toute la ligne.

— Il y a un point où personne ne pourra jamais me battre.

— Ah oui ? En classe, je suis aussi forte que toi.
— Il ne s'agit pas de cela.
— Et de quoi, s'il te plaît, s'agit-il ?
— N'avoir ni bras ni jambes. »

Je ne disais pas cela pour avoir le dernier mot. J'étais *moi* parce que justement je n'avais ni bras ni jambes. Et personne d'autre ne pouvait être ce *moi*-là. Dès la petite enfance, j'avais commencé à être fier de ce que j'étais.

Nous avions récemment appris la différence qui existait entre les deux mots qui se prononcent *tokucho* mais possèdent une orthographe différente : l'un signifie « un trait distinctif », l'autre « un point fort ». En d'autres termes, le premier fait référence à une simple différence tandis que le second met l'accent sur la différence de mérite ou de valeur.

Quand on nous demandait de nous présenter, j'écrivais d'ordinaire : « Signe particulier : n'a ni bras ni jambes », mais du jour où j'ai appris cette subtilité de notre langue, j'ai choisi définitivement le mot kanji signalant le point fort et j'écrivis désormais : « Point fort : n'a ni bras ni jambes. »

Sans doute peu de gens ont-ils compris ce que je voulais dire par : « Il y a un point où personne ne peut me battre : le fait de n'avoir ni bras ni jambes. » Ma rivale, quant à elle, avait semble-t-il parfaitement reçu mon message.

# 11
# Une planche supersonique

## *La peur de l'eau*

L'été suivant se posa le problème des rencontres de natation. Chaque élève sortant de cursus primaire devait savoir nager vingt-cinq mètres. Moi compris. Parvenir à cette fin fut une vraie course d'obstacles.

Revenons au mois de juin du cours préparatoire : en deux mois, Takagi *sensei* avait résolu un problème après l'autre et levé les barrières qui se dressaient devant moi – éducation physique, sortie scolaire, Journée des sports… Un nouveau mur me barrait le chemin : la natation. À cette époque-là, je ne mesurais pas plus de soixante-dix centimètres et la piscine était profonde de plus de quatre-vingt-dix centimètres. Je n'avais pas pied, ce qui signifiait que je ne pouvais pas me débrouiller seul.

Takagi *sensei* se posa de nouvelles questions,

non pour savoir s'il fallait m'exclure des cours de natation mais pour trouver comment me permettre l'accès au bassin. Sa solution était la suivante : il irait dans l'eau avec moi et me porterait dans ses bras. Cela ne manqua pas d'inquiéter le directeur, qui trouvait qu'il en faisait trop. De fait, c'était aller très loin dans la dépense d'énergie et l'on risquait bien d'avoir « deux hommes à la mer ». Sourd à ces remarques, *sensei* n'avait de cesse d'affirmer que c'était là la juste tâche du professeur responsable de moi.

Quand la décision fut prise de m'intégrer aux cours de natation, j'étais aussi excité qu'inquiet. Comme je l'ai déjà dit, j'ai un sens aigu du danger depuis mon tout jeune âge. Je ne m'approche pas d'un groupe d'enfants dans la cour de récréation et, peu importe si je suis mort de soif, je ne me risque pas près d'une fontaine où des gamins se bousculent. J'avais donc conscience du danger de cette piscine où je n'avais pas pied. En outre, ce n'était pas avec mes bras tout ronds en forme de pommes de terre que j'allais pouvoir m'essuyer le visage s'il était aspergé d'eau. J'étais vraiment partagé entre le plaisir de participer aux activités de tout le monde et la peur panique du bassin.

Le premier jour, *sensei* et moi nous fîmes la promesse de n'aller dans l'eau qu'ensemble. Mais je me dérobai. Après m'être changé et avoir mis mon maillot de bain, j'étais même arrivé jusqu'au bord du bassin. Mais j'étais trop paniqué. *Sensei* me faisait des signes et m'encourageait de la voix depuis le bassin dans lequel il était : « Viens, viens, juste une petite minute pour essayer », mais je refusai d'entrer dans l'eau jusqu'à la fin de la séance.

*Sensei* comprenait fort bien ma peur, cependant sa détermination n'était pas entamée pour autant. Il voulait faire en sorte que j'arrive à flotter par moi-même. Il craignait bien sûr que je tombe accidentellement dans l'eau et que je me noie. Persuadé que je pouvais flotter, il pensait que je pourrais éventuellement tenir jusqu'à l'arrivée des secours si un tel accident survenait. D'où sa volonté de me faire suivre cet entraînement.

### *J'ai flotté !*

Lors de la séance suivante, je montrai plus de hardiesse. Je commençai par me mouiller dans les bras de *sensei*. Ce n'était déjà pas si mal. À celle d'après, je mis ma tête dans l'eau. Tout allait bien tant que l'eau ne couvrait que ma bouche, mais la panique revenait dès qu'elle atteignait mon nez. Tant bien que mal, avec le secours patient de *sensei*, je parvins à plonger sous l'eau. L'heure était venue d'essayer de flotter.

Je me mis sur le dos, soutenu par mon maître. Mes membres se raidirent et mon corps se lova tout contre lui. Mais quand je fis ce qu'il disait – bien tendre bras et jambes –, même s'il me soutenait un peu, j'eus la sensation de flotter. Je ne pouvais pas faire mieux pour l'instant. Chaque fois que *sensei* demandait « Est-ce que je peux te lâcher ? », la réponse fusait, toujours la même : « Non. » Une fois cependant, j'étais allongé sur le ventre, le visage dans l'eau : il me lâcha pendant une fraction de seconde, certes, mais le doute n'était plus possible : j'avais flotté. « Ototake, ça y est ! Tu flottes. Tu y es arrivé ! »

*Sensei* recommença encore et encore, en grignotant chaque fois quelques millièmes de seconde, puis une seconde, puis deux… Je finis par flotter près de dix secondes. Cependant, dès que je tournais la tête pour respirer, je perdais mon équilibre et roulais dans l'eau. Il fallut résoudre cette nouvelle difficulté.

Impossible de respirer sans couler, quelle que fût la position adoptée. Nous décidâmes que je me propulserais en avant jusqu'à ce que je n'aie plus d'air. Comment y parvenir était une autre histoire puisque je ne pouvais pas pagayer avec les bras. Tout ce que je pouvais faire était de battre des jambes, qui sont légèrement plus longues que mes bras. J'avais beau battre et rebattre l'eau comme un fou, ce n'était pas très efficace. D'autant que, mes jambes ayant des longueurs légèrement différentes, plus j'avançais, plus je tournais sur moi-même. Un jour néfaste, je fis des cercles pendant toute la séance.

Six mètres, telle était la distance que je parvins à courir après cinq ans d'efforts. Et voilà qu'arrivait l'examen final.

*Petit bateau vogue sur l'eau*

Il s'agissait en l'occurrence pour les élèves de venir à bout des vingt-cinq mètres, mais on ne précisait pas par quel moyen. Les enfants qui n'auraient pas l'endurance nécessaire pouvaient aussi bien poser leur pied au fond du bassin deux ou trois fois. Pour ma part, j'étais trop court sur pattes. Le but de la dernière année était donc de trouver un système valable me permettant de flotter. J'essayai d'abord une ceinture spéciale accrochée autour de la poitrine, mais ma tête plongeait quand mon corps restait à la surface. Je tentai également d'empoigner une planche, sans succès. En effet, dès que je grimpais dessus, elle coulait avec moi du fait de mon poids.

Au moment où nous allions nous avouer battus, nous entendîmes parler d'une planche en polyuréthane à haute flottabilité mesurant environ 1,20 mètre carré et portant un nom prometteur, « l'île flottante » ; peut-être me soutiendrait-elle. Oka *sensei* se précipita chez le marchand pour en faire l'acquisition. Elle était énorme et prenait beaucoup de place dans la classe. Nous l'emportâmes à la piscine pour la transformer en bateau.

*Sensei* avait emporté les outils nécessaires – un coupe-papier et un couteau de cuisine –, et ses assistants en culottes courtes suivaient scrupuleusement ses instructions.

« Maintenant, Masahiro, tiens bien cette extrémité.

— *Sensei*, nous allons faire quelque chose de vraiment bien ! »

Dans un premier temps, le devant fut découpé pour présenter une forme effilée réduisant la résistance à l'eau. Quant à l'autre extrémité, elle fut adaptée à la forme de mon corps. Comme j'avançais en battant l'eau avec mes hanches, je devais être allongé sur la planche jusqu'à l'estomac. Il fallut s'y reprendre de nombreuses fois avant de trouver la forme correcte.

« Bon, Susumu, dit *sensei*, mets Hiro sur la planche et tentons le coup. »

Susumu enleva son tee-shirt et se jeta à l'eau. Il m'allongea sur la planche et lui donna une petite poussée par-derrière.

« Ça ne va pas, fit-il remarquer, il va couler parce que son poids porte trop sur l'avant. »

Après encore bien des ajustements, c'était prêt. Mais il y eut une nouvelle chute.

« *Sensei*, prévint Minoru, Oto ne peut pas se maintenir sur la planche sans les mains, elle est trop souple.

— Oh ! » dirent-ils en chœur.

Et *sensei* de creuser deux trous, l'un sur la droite, l'autre sur la gauche. La planche ressemblait alors à un visage humain pourvu d'une immense paire d'yeux tout ronds. Je plantai mes bras dans chaque œil : enfin, cela fonctionnait. Les bras ainsi retenus, il n'y avait plus aucun risque que je sois séparé de la planche.

Ainsi naquit mon partenaire d'un été. Nous le baptisâmes la « planche supersonique ».

*Ces femmes pleurent*

Le 9 septembre, jour de la rencontre, arriva enfin. Comme l'événement concernait trois écoles primaires, les autres enfants regarderaient. J'étais excité comme une puce car il me fallait faire bonne figure.

Quand l'épreuve des vingt-cinq mètres nage libre fut annoncée, mon taux d'adrénaline augmenta sérieusement. L'heure avait sonné de montrer les résultats de l'entraînement que j'avais suivi avec ma partenaire privilégiée – bien que, je dois l'admettre, on n'avait encore jamais vu dans une épreuve de nage libre un concurrent pourvu d'une planche artisanale. On convoqua le dernier groupe : mon tour était venu.

« Groupe 19. Couloir n° 1, Hirotada Ototake, école primaire de Yohga. »

Il y eut un immense hourra, qui me fit légèrement rougir. Mon cœur s'emballa quand je montai sur le plot de départ. Quand la détonation du pistolet d'alarme retentit, je plongeai la tête la première. Quiconque m'aurait vu faire pour la première fois aurait pu penser que je m'étais trompé, mais c'était là le fameux plongeon répété et fignolé pendant tout l'été.

Dès que je remontai à la surface, je battis des jambes une fois, deux fois. C'est alors qu'intervinrent Minoru et Susumu, qui attendaient dans le bassin : ils me mirent sur la planche supersonique et me poussèrent dans mon couloir. Le long voyage avait commencé.

Comme d'habitude, je maintins un rythme constant jusqu'à mi-chemin. Mais l'eau était froide et mes jambes ne faisaient pas ce que je voulais. Les autres avaient depuis longtemps filé loin devant. Je me retrouvai bientôt seul dans le bassin. On aurait entendu une mouche voler.

Doucement, le silence fit place à un murmure d'encouragement, puis à des applaudissements de plus en plus nourris – lesquels venaient des deux autres écoles. C'était comme s'ils avaient tous été sous le choc de me voir plonger et conduire cette planche extraordinaire puis s'étaient secoués d'un coup. J'étais heureux que les autres écoles m'encouragent, mais c'était un sentiment très curieux.

Il me fallut environ deux minutes pour aller au bout de mon couloir. Il y eut un nouveau tollé et de nouveaux applaudissements de la part des autres écoles. Une véritable ovation qui ne s'arrêtait plus.

Pendant ce temps, un garçon de ma classe fit remarquer à *sensei* : « Regardez ! Les femmes là-bas sont en pleurs ! » Son regard était abasourdi, comme s'il s'agissait d'une vision très étrange.

*Sensei* se souvient que cet exploit le réjouit plus que toute autre chose. Il se disait : les enfants voient Ototake comme un copain de classe. Le fait de couvrir les vingt-cinq mètres n'est pas un exploit en soi – c'est la façon dont ils l'ont considéré, à savoir qu'un des leurs avait fait la même chose qu'eux.

*Sensei* dut combattre l'élan qui le poussait à me serrer dans ses bras et à me dire : « Quelle prouesse tu as fait là ! » Au contraire, il vociféra : « Une minute cinquante-sept secondes ? Tu n'as jamais mis aussi longtemps ! »

Mais ces mots portaient un message silencieux venant du fond de son cœur : « Félicitations ! Tu as agi de manière à te faire de vrais copains qui ne te considèrent pas comme un animal de cirque mais comme l'un des leurs. »

## 12

# Les handicapés au secours des valides

*Une cause d'embarras ?*

Pendant les six ans de ma scolarité à l'école primaire de Yohga, grâce à l'attention et aux encouragements de nombreuses personnes, je gagnai – en connaissance, en confiance – bien plus que je ne pourrais dire. Je suis en fait très heureux d'avoir eu la possibilité de fréquenter une école du système scolaire normal. Je ne dévalue pas les écoles spécialisées, nécessaires du fait de la nature même et du degré de gravité du handicap de certains enfants. Mais il est capital de prendre en considération les réels besoins de chaque individu.

Revenons au temps de mes débuts dans cette école ; on considérait alors que les enfants handicapés devaient être placés dans des écoles spécialisées, au mieux dans des classes spécialisées au sein des écoles du système scolaire normal. La pensée était stéréotypée au point qu'on ne leur donnait même pas l'opportunité de faire face aux situations ordinaires de la vie quotidienne avec des règles normales. C'était complètement débile !

Certes, quand un handicapé est plongé dans la vie de la communauté – en l'occurrence dans une école normale –, il est clair qu'il y a bien des choses qu'il ne pourra pas faire seul, et à certains moments cela dérangera les autres. Mais souvenons-nous de la façon dont les enfants procèdent à l'école primaire : les plus rapides aident les plus lents à étudier leurs leçons et ceux qui réussissent le saut périlleux arrière à partir de la barre haute montrent comment faire aux moins doués. Eh bien, il n'y a qu'à procéder exactement pareil. Ni plus ni moins. Si l'un des élèves n'a pas l'usage de ses jambes, il suffit qu'un autre pousse son fauteuil roulant. Si l'un des élèves est malentendant, il suffit que son voisin lui montre ses notes. Il suffit de peu pour que le groupe des « handicapés » puisse suivre une éducation normale.

Même aujourd'hui, les parents d'un enfant handicapé ne sont pas du tout encouragés à le mettre dans une école publique normale ; encore heureux qu'on ne leur recommande pas le contraire ! L'argument généralement utilisé est le suivant : puisqu'il existe des écoles spécialisées pour ces enfants-là, pourquoi aller chercher ailleurs ? Argument généralement motivé par la crainte de la critique, en particulier celle des parents des autres enfants arguant du fait que leur chérubin souffrirait d'un manque de disponibilité du professeur, trop souvent occupé par l'enfant handicapé.

Où est la vérité ? L'enfant handicapé est-il un fardeau ou une cause d'embarras pour le reste de la classe ?

*Le jeu du vrai et du faux*

Nous avions un exercice de gymnastique avec des bâtons. C'était une danse par couple. Les premières années, mon partenaire était Takagi *sensei*.

Au CM1, quelques-uns des élèves demandèrent à être mon partenaire. Ceux qui acceptaient cette charge se trouvaient un peu limités dans leurs gestes : ils devaient adopter un pas plus lent et sautiller de temps en temps. Comme il leur fallait rester un peu en arrière, *sensei* doutait du bien-fondé de l'idée. Mais, puisque les enfants étaient volontaires pour ce faire, il donna son accord.

Quatre jours après la fameuse Journée des sports, la mère de mon partenaire vint le féliciter : « Merci beaucoup d'avoir permis à mon fils de danser avec Ototake. Je ne peux vous dire à quel point j'étais émue quand je les ai vus évoluer ensemble et quand mon fils a poussé le fauteuil roulant dans le tableau final. Notre fils a beaucoup de chance. » Elle revint sur le sujet plusieurs fois de suite.

*Sensei* était pour le moins interloqué : comme il

s'attendait plutôt à être critiqué pour cette initiative, il n'avait pas imaginé un seul instant qu'on pourrait l'en féliciter et l'en remercier. Il semblait que les autres parents me couvaient du regard avec toute la chaleur perceptible dans ces quelques mots.

Quand nos professeurs visitaient les parents d'élèves, m'a-t-on rapporté, ceux-ci leur parlaient souvent de moi. « C'est un plus pour nos enfants qu'Ototake soit dans leur classe, et nous ne pouvons nous empêcher de le prendre en exemple. » « Regarde comme Ototake fait des efforts malgré son handicap. Tu ne peux pas faire moins. »

Une fois, en l'absence de Takagi *sensei*, le professeur de la classe voisine nous emmena au cours d'éducation physique. On nous avait dit d'aller chercher une balle par personne, et quelques élèves revinrent avec un ballon dans chaque main. À la réprimande du professeur, ils répondirent : « J'en ai pris un pour Ototake. »

Après avoir observé les enfants se relayer pour jouer avec moi, elle fit cette remarque à Takagi *sensei* : « Les enfants de cette classe sont vraiment des amours. » Je suis sûr qu'il en a rougi de fierté.

Lors d'une réunion de classe en dernière année, Oka *sensei* me confia : « Grâce à ta présence parmi nous, Hiro, nous avons là une classe très prévenante, où l'on considère comme normal d'aider son voisin quand il rencontre un problème. »

Il avait dû surmonter sa légendaire réserve

naturelle et faire très attention que je ne me sente pas en état d'infériorité, pourtant quelque chose me dit qu'il n'avait pas complètement perdu l'esprit. Un de mes amis qui enseigne dans une école maternelle m'a fait la remarque suivante : « Depuis le printemps, j'ai dans ma classe un enfant trisomique. Au début, tu t'en doutes, les enfants furent plutôt pris de peur et gardèrent leurs distances, mais il ne fallut pas plus d'un ou deux mois pour que toute la classe fasse preuve de gentillesse et tourne autour de lui. » J'entends des histoires de ce genre à longueur d'année. Il apparaît que les classes où se trouve un enfant handicapé tournent rond, très rond même.

À l'école primaire de Yohga, les effets ne se limitèrent pas à une seule section. Le mois où j'arrivai, on préparait la fête annuelle de bienvenue aux nouveaux et les élèves de sixième qui en avaient la charge rendaient compte aux membres de la direction.

« Pour la fête annuelle, cette année, nous avons décidé de jouer à Vrai-Faux. Si vous pensez que c'est vrai, vous hochez la tête. Si vous pensez que c'est faux, vous faites non avec. Les sujets seront…

— Attendez une minute, les enfants, interrompit un professeur, qui pensait déjà à la mêlée incroyable pour séparer les tenants du vrai et les tenants du faux en deux camps secouant la tête. Comment saurez-vous qui a la réponse juste s'il y a près de cent personnes qui font juste un signe de la tête ?

— Mais, *sensei*, cette année, il y a Ototake. Il ne peut y participer que si nous jouons à Vrai-Faux. » La façon dont ce fut dit, d'un air d'évidence, laissa les professeurs sans voix.

Dans le monde compétitif d'aujourd'hui, où il faut toujours faire mieux et aller plus loin, nous oublions l'évidence – et l'évidence, c'est de tendre la main à celui qui a un problème. Les sociétés archaïques fondées sur la solidarité ont disparu depuis longtemps. Posons l'hypothèse suivante : ce sont les handicapés qui viendront au secours de cette société déshumanisée, qui reconstruiront une société plus généreuse.

Deuxième partie

# La course à toutes jambes

*Mes années de collège, de lycée et de bachotage*

# 13

# Le dribbleur

*Bon sang de… ! !*

La transition vers le secondaire fut plus facile car c'était assez rassurant d'aller au collège de Yohga, établissement public et de proximité, où je retrouvai mes anciens camarades de primaire. L'équipe dirigeante ne vit pas d'objection majeure à mon intégration et mon inscription ne posa pas trop de problèmes. Le fait que j'avais suivi l'école primaire sans aucune assistance dès la troisième année joua beaucoup en ma faveur, d'autant que j'avais l'air de bien aimer l'école – peut-être même plus que les autres.

La grande affaire du collège est l'inscription dans un club que l'on fréquente après l'école très assidûment pendant ces trois ans : on passe alors à la vitesse supérieure. À quel club est-ce que j'appartenais ? Cela peut sembler un peu osé. Pas de bras, pas de jambes, un fauteuil roulant : on s'attend à ce qu'un gosse ainsi dépourvu rentre directement à la maison à la fin de la journée pour se plonger dans un livre. Ou qu'il rejoigne un groupe un peu sédentaire. Eh bien, le gosse en question signa pour le… basket-ball !

Qu'avais-je dans la tête ? Ma motivation était très simple. Dès qu'ils arrivent au collège, les élèves prennent des directions très différentes : ceux du genre énergique et plein d'entrain se tournent vers les clubs de sport, les plus calmes et sérieux vers les clubs à tendance culturelle. La plupart de mes amis étant des gaillards pleins de vie et de verve (si j'en crois le raffut qu'ils faisaient), ils avaient signé pour des clubs de sport ; je me suis dit : « Je veux faire pareil. » Je voulais me joindre à eux ? Qu'à cela ne tienne. Je m'y joignis. Dans mon élan, l'éventualité de trop malmener ma constitution ou d'être une gêne pour les autres n'effleura pas un seul instant mon esprit, qui fonctionnait à sens unique.

Ce tremblement de terre de magnitude 7,8 sur l'échelle de Richter déstabilisa d'abord ma propre famille. Bien qu'il en faille beaucoup pour choquer mes parents, qui avaient eu maintes occasions de s'accoutumer au comportement pour le moins bizarre de leur rejeton, il faut reconnaître que cette fois-là ils n'en croyaient pas leurs oreilles.

« Bon sang de… ! ! s'exclama mon père.

— Je ne comprends plus très bien comment fonctionne le cerveau de notre fils », soupira ma mère.

Au moment de ma naissance, mes parents étaient convenus des principes fondamentaux de mon éducation : ils feraient de moi un homme fort, qui ne fuirait pas la vie ni les difficultés et ne porterait pas son handicap en bandoulière comme une excuse permanente. Cette fois pourtant, ils se demandèrent – à en croire ce qu'ils me confièrent par la suite – s'ils n'étaient pas allés un peu trop loin dans le processus. Comme il n'y avait pas moyen de me dissuader, ne sachant vers qui se tourner, ils appelèrent le sous-directeur :

« Euh, mon fils vient de rentrer et de m'annoncer le plus calmement du monde qu'il compte s'inscrire au club de basket-ball, lui expliqua maman.

— Oui, eh bien, j'ai eu une discussion avec l'entraîneur et puisque c'est le désir de ce jeune homme…, répondit le sous-directeur.

— J'espère au moins que cela n'incommodera pas les autres élèves…

— Oh, tant qu'il ne participe pas aux matchs… »

*L'entraînement*

*Trrriiit !* Coup de sifflet du juge. « Remplacement, Yohga, n° 8. »

L'équipe adverse et la foule des spectateurs de se tourner vers le banc de touche concerné. Personne ne se met debout. Seul l'entraîneur sourit béatement. À y regarder de plus près – et plus bas –, il y a là-bas un torse à maillot qui se traîne sur des moignons et entre sur le terrain. Si, si !

Pour me laisser participer à un match, il fallait que l'entraîneur soit aussi cinglé que moi. Le nôtre n'était pas mal dans son genre, un sacré original, pour le dire avec modération. Un drôle de boute-en-train aussi. Une espèce de grand gaillard au crâne rasé, pourvu d'une barbe et d'une démarche aussi lourde que cadencée. Pour peu que vous jetiez un œil distrait par la fenêtre pendant les cours, si votre regard croisait une silhouette dessinant des figures de tai-chi-chuan au moment le plus inattendu et le plus inadéquat, c'était lui : l'entraîneur. Bref, ce professeur peu conforme à l'idée qu'on s'en ferait et pour le moins anticonformiste était une figure, vénérée comme telle au collège de Yohga. Il ne se contentait pas pour autant d'être excentrique. Rien ne le dérangeait. Il prenait tout avec la même décontraction : tel était son style. Sans doute est-ce la personnalité de cet entraîneur qui a facilité mon inscription au club.

Revenons à mon entrée dans les effectifs de celui-ci. Jusque-là, tout allait pour le mieux, mais comment ce diable de petit homme allait-il s'y prendre pour jouer ? Je ne pouvais envoyer le ballon assez haut pour marquer des paniers, mais je savais faire des passes à une distance très convenable grâce aux muscles trapèzes, que j'avais développés en jouant à la balle aux prisonniers à l'école primaire. Mais il en fallait évidemment beaucoup plus pour me faire quitter le banc de touche. J'avais un point fort : je dribblais. Non pas dans mon fauteuil comme on pourrait l'imaginer – il existe une discipline de cette sorte en handisport. Je le quittai pour me mouvoir par mes propres moyens sur le terrain. J'étais déjà très confiant dans ma rapidité d'exécution. Je pouvais m'adapter facilement, et même faire la toupie. Il me fallait désormais combiner mes mouvements avec ceux de la balle. En d'autres termes, préserver ma vitesse et ma mobilité tout en dribblant était le dilemme qu'il me fallait résoudre.

Dans un premier temps, je m'exerçai à maintenir un rythme constant. *Dumdumdumdumdumdum*. Cela n'était pas si facile. D'ordinaire, on dribble à partir de la poitrine, la balle prend donc une bonne seconde pour rebondir jusqu'à son point de départ. Comme je la lançais de la hauteur des mollets, elle heurtait le sol et revenait presque dans le même instant, ce qui m'obligeait à doubler la vitesse de mes mouvement de bras. C'était là le plus difficile.

Dans un second temps, il fallut apprendre à dribbler tout en se déplaçant, ce qui n'était pas plus simple, car la balle avait des idées très personnelles sur ce qu'elle voulait faire. Je la lançais soit dans mes jambes soit trop loin, hors de ma portée. Peu à peu, les résultats se firent plus probants, et avant longtemps je dribblais aussi vite que je courais.

Un coup d'œil vaut tous les discours de la terre, dit le proverbe japonais. Je peux bien expliquer la chose en long, en large et en travers, c'est assez difficile à dépeindre.

*S'exercer, s'exercer encore, s'exercer toujours*

Mes coéquipiers étaient surpris de mes progrès mais, comme ils me connaissaient de longue date, ils avaient bien dû se douter que j'en viendrais à bout. L'entraîneur, quant à lui, accusait le coup. Quand j'avais annoncé ma volonté de m'inscrire au club de basket-ball, sans doute avait-il pensé que j'allais me limiter à quelques exercices simples. Mais, après m'avoir vu, sa réaction fut terrible :

« Ototake, c'est très très bien ! Je suis surpris. Maintenant, il faut t'exercer à dribbler aussi du bras droit.

— Mais j'ai tout juste pris le coup pour le gauche et je suis gaucher. Je n'ai jamais essayé du bras droit et…

— Eh bien, c'est justement pour cela que l'entraînement existe ! »

Ouah ! Je revendiquais de tout essayer. L'entraîneur m'avait pris à mon propre jeu. Retour à la case départ. Dans un premier temps, je fis rebondir la balle. Comme je n'utilisais pas beaucoup mon bras droit, j'avais souvent du mal et ne parvenais pas à frapper correctement. Quand ce point fut enfin acquis, il fallut dribbler en me déplaçant. Là encore, je n'arrivais pas à prendre le coup du côté droit. La balle n'en faisait qu'à sa tête et mes mouvements restaient gauches. Les progrès vinrent beaucoup plus lentement que pour l'autre bras.

Après un travail persévérant – des jours « sans » aux jours « avec » –, je finis par savoir m'y prendre du côté droit. Je pouvais dribbler des deux bras. J'étais si fier de moi que je voulus montrer mes progrès à l'entraîneur. Triomphant, je lui fis une petite démonstration de main droite. Sa réaction fut pour le moins inattendue.

« Bon travail, Ototake. Maintenant, il faut croiser. Tu dois faire passer la balle rapidement d'un côté puis de l'autre.

— ... ? ? ?

— Quand un défenseur vient sur la droite, tu dribbles sur la gauche, et quand il se présente du côté gauche, tu dribbles avec le bras droit. Si tu peux croiser rapidement, il sera difficile de te prendre la balle. »

Défenseur ? Quel défenseur ? Était-il en train de me parler de match ? Si j'y arrivais, l'entraîneur comptait donc me faire jouer ! Je m'entraînai intensément. Passage de gauche à droite. Passage de droite à gauche. Un rapide mouvement d'épaule. Garder la vitesse en faisant le changement. Je travaillais également à un effet spécial de ma composition pour tromper l'ennemi « défenseur ». Mais dribbler du bras droit restait mon talon d'Achille. Je perdais encore trop souvent le ballon en changeant de côté. Ces exercices monotones furent parfois une corvée, mais je ne cédais jamais au découragement.

Une motivation me donnait du cœur à l'ouvrage : je voulais découvrir l'effet que faisait de jouer sur un terrain un vrai match. En y repensant aujourd'hui, je prends conscience que j'ai pu m'abuser moi-même. Il se peut en effet que l'entraîneur n'ait jamais pensé à me faire jouer, qu'il ait juste voulu me donner des choses nouvelles à faire pour m'empêcher de m'ennuyer, pour gagner du temps, et qu'il ait finalement été presque obligé de me laisser jouer tant j'étais « accro ».

*Arme secrète*

Peu importe la vérité dans cette affaire, lorsqu'on m'invita à participer à cette rencontre, j'en profitai autant que possible. Vivre un match se révéla aussi chouette que je m'y attendais. Pour peu que vous ayez déjà mis quelques paniers, vous savez que plus vous dribblez bas, plus il est difficile de vous enlever le ballon. Or le mien ne dépassait pas la hauteur du genou des autres joueurs. J'appelais cela le « dribble souterrain ». Le mental des autres équipes a dû être sérieusement ébranlé par notre tactique. Quand les joueurs adverses en étaient encore à se demander : « Ce type-là peut-il vraiment marcher ? », le type en question avait déjà pris le départ. Il dribblait, glissait au niveau de leurs genoux, fendait le mur des défenseurs, qui s'agitaient lamentablement, et traversait tout le terrain en faisant des rebonds aussi adroits qu'astucieux. Telle était ma fonction. Notre capitaine était un fameux buteur en trois points. Il s'éloignait et se rapprochait à volonté pour me permettre de réussir mes passes. Puis il savait opérer un retournement et marquer à la troisième. Il me prêtait son assistance pour que nous puissions réussir cette tactique personnelle de l'« arme secrète ».

Cela étant, quand bien même je me considérais comme l'« arme secrète », il aurait suffi d'une équipe forte jouant sérieusement pour me prendre la balle et notre défense s'en serait trouvée déstabilisée. Regardons les choses en face : les matchs étaient joués à quatre contre cinq. Malgré cela, l'entraîneur avait évidemment gagné ma reconnaissance éternelle en me donnant cette chance sans se poser trop de questions – ce que firent également mes coéquipiers. En fait, quand j'annonçai ma décision de m'inscrire au club, ils se chargèrent de le convaincre et lui promirent de garder un œil sur moi.

Il faut dire qu'en plus j'étais une vraie peste pendant l'entraînement. Je dribblais dans un coin de la salle, et les balles ne cessaient de rouler sur le terrain et d'interrompre le jeu. N'importe qui aurait pu se rendre compte que la force de l'équipe aurait été diminuée si j'étais entré sur le terrain. Mais personne ne montrait la moindre impatience, la moindre amertume. Ils m'encourageaient : « Vas-y, Oto. Relax. On est avec toi ! » Les jeunes qui s'inscrivirent après moi, et qui auraient pu revendiquer une place sur le terrain, ravalaient leurs états d'âme et m'encourageaient de toutes leurs forces. Certains d'entre eux m'accompagnaient même quand il fallait jouer à l'extérieur.

Je dois à cette solidarité mes souvenirs heureux de cette période. Je suis fier de penser que ma présence sur la liste des membres de l'équipe symbolise la cohérence de notre groupe. Quand j'ouvre mon album de photos, je ne peux m'empêcher d'admirer le n° 8 : il arbore un très large sourire, et ce sourire-là je le dois à toute l'équipe.

# 14

# « Monsieur Festival »

*Un à un*

On m'appelle souvent « Monsieur Festival ». C'est vrai, j'aime les festivals. Je ne ratais aucune fête à la chapelle la plus proche, et mon cœur s'emballe au son des flûtes et des tambours. J'aime aussi toutes les occasions de faire la fête. Les pique-niques sous les cerisiers en fleur, les anniversaires, les sorties de classe, les feux d'artifice, les fêtes de l'école, Noël, le Nouvel An…

Au collège, les deux principaux événements de l'année sont la Journée des sports et le Festival de la culture. Pour la première, bien que j'en eus saisi l'esprit, mon corps ne pouvait guère suivre. Jouer un rôle majeur dans cette circonstance est de l'ordre du rêve pour un handicapé – même s'il est vrai que j'y ai eu mon heure de gloire le jour où j'ai été applaudi et encouragé par les parents. C'est pourquoi je tournai mes ambitions vers le Festival de la culture. Je voulais m'y engager, rassembler les volontés et, par-dessus tout, prendre beaucoup de plaisir.

Il ne s'agissait pas que d'être volontaire. Chaque classe élisait un garçon ou une fille au Comité culturel qui s'occupait du festival et organisait les réceptions – pour les étudiants anciens comme pour les nouveaux venus. Il existait également un comité directeur, qui coordonnait tous les événements : pour chaque section, un jeune homme et une jeune fille y étaient élus. Je décidai donc de me présenter au comité directeur au second semestre de mon année de cinquième.

Mon rival était mon ami, celui qui habitait de l'autre côté de ma rue, celui qui avait proposé au « trio infernal » dont nous faisions partie la grande sortie de balayage des pièces de monnaie après la fête votive. C'était un adversaire plutôt tenace, doué tant en sport qu'en disciplines intellectuelles et artistiques, un chef hors du commun qui se trouvait à la tête d'un escadron de fidèles. Notre rivalité était amicale et durait depuis que nous nous retrouvions régulièrement dans les comités, c'est-à-dire depuis l'école primaire. Il faut dire que nous aimions à peu près autant nous trouver sous les feux de la rampe. L'heure avait donc sonné de la confrontation et du verdict des urnes.

Il fut très serré en l'occurrence ; seule une douzaine de voix nous séparait. Il aurait pu gagner haut la main. Je me souviens encore de ce jour-là. J'attendais l'issue du vote après les heures de classe, me surprenant à prier. Il faisait de même.

Le résultat tomba. Je fus heureux de ma victoire. Mes sentiments pourtant étaient mélangés. Nous nous étions battus loyalement mais je ressentais un peu de tristesse pour lui.

Comme nous étions voisins, nous rentrions naturellement par le même chemin. Il me prit de court en me disant : « Je te raccompagne chez toi. » Je me sentais mieux et me souviens encore de ce qui se passa quand nous arrivâmes à la maison. « J'ai perdu contre Oto, dit-il à ma mère, à quelques voix près. Dommage !

— Et tu le raccompagnes quand même ? Les garçons eux au moins sont des êtres simples. »

Non, maman, tu n'y es pas du tout, aurais-je voulu dire. Il pensait à ce que je ressentais, même s'il lui fallait pour cela ravaler sa propre déception à la pensée d'un résultat si serré. Je me demande ce qu'il fait aujourd'hui. Il rêvait d'être médecin. J'espère qu'il l'est car il en avait la vocation.

### *Le candidat*

Me trouver dans le comité me donna plus de plaisir que ce que j'aurais pu imaginer : il fallait composer et mettre en place les affiches, aller à la rencontre des élèves plus âgés – qui nous semblaient des adultes – et des professeurs ; l'un d'eux nous servit même des pâtes un soir que nous étions restés très tard.

Progressivement pourtant, je voulus en faire encore plus. Le comité directeur n'intervenait qu'après la finalisation du programme. Cela n'était pas suffisant à mes yeux. Les vrais décisionnaires étaient les cinq membres du conseil étudiant ; le président, le vice-président, les présidents des comités de la culture, des sports et du campus. Dès que j'eus un peu travaillé au sein du comité directeur de la culture, j'aspirai à en devenir le président.

Quand la période des élections se présenta en décembre de mon année de quatrième, je posai ma candidature. Un rival inattendu se présenta sous les traits d'un garçon du club de natation. On ne l'avait jamais vu à aucun comité, et le bruit courait qu'il voulait surtout obtenir les points supplémentaires que tout membre du conseil étudiant se voit attribuer sur son livret scolaire. Je pris feu à cette nouvelle. Je ne savais pas si la rumeur disait vrai, mais je m'enorgueillissais d'avoir servi sous les couleurs du comité culturel étudiant pendant trois mandats. Il n'était pas question que je perde contre un type qui concourait pour avoir des points en plus !

Même au collège, il nous fallait prononcer des discours électoraux. Nous faisions le tour des classes aux heures des repas. Me trouver devant les plus âgés des élèves était pour moi l'obstacle le plus difficile à franchir – cela me rendait nerveux et angoissé. Un partisan de poids se présenta sur ma route en la personne de Waka-*san*[1], le

---

1. « san » est un suffixe fréquent au Japon, pour ajouter une nuance amicale au prénom.

président sortant du comité culturel étudiant. Cela faisait un an et demi que nous siégions ensemble et il m'avait « à la bonne ». C'était une personnalité exceptionnelle admirée de tous. Il était également capitaine de l'équipe de base-ball. Quand il offrit de m'accompagner et de faire mes discours électoraux, il me mit sur la rampe de lancement.

Dès que j'avais dit quelques mots, Waka-*san* prenait le relais pour présenter le travail que j'effectuais au sein du comité. Sa popularité était grande parmi les étudiants les plus anciens. Je suis persuadé que c'était plus efficace que si j'avais fait de grands discours pleins de promesses. Je sollicitai également le soutien de quelques élèves de cinquième. Je demandai aux responsables du comité culturel étudiant, aux membres du club de basket-ball et aux élèves que je connaissais de vue de me donner un coup de main quand je viendrais dans leur classe. « Youpi ! Ototake-*san* ! » Des hourras éclataient à mon entrée. Je pensais : « Les gars, vous en faites peut-être un peu trop ! » Le fait est qu'ils m'aidaient considérablement. Les cinquièmes qui ne me connaissaient pas beaucoup avaient l'impression que j'étais très populaire.

Ma campagne harassante – et âprement disputée ? ! – fut récompensée par une victoire écrasante. Sur les trois candidats qui se présentaient, je recueillis les deux tiers des votes. Grâce à Waka-*san* et aux élèves de cinquième. Incroyable. Ce collège n'avait pas froid aux yeux. D'abord, il acceptait un type en fauteuil roulant parmi les membres de son club de basket-ball, puis il l'élisait au conseil étudiant.

### *Canettes vides et histoires de fantômes*

Le 4 janvier, les cinq nouveaux membres dudit conseil se retrouvèrent pour faire une visite à la chapelle de Meiji afin de prier pour le succès de nos entreprises. Quelqu'un avait suggéré que nous nous y rendions dès le premier de l'an mais, du fait de mon fauteuil roulant, les autres membres préférèrent attendre quelques jours que la foule ait diminué. Nous étions une équipe. Je priai : « Fais que je crée un grand festival avec ces merveilleux partenaires. » En dehors du festival, nous organisions tous les événements scolaires depuis la date de la Journée des sports. Comme nous devions nous acquitter des discours d'ouverture et de fermeture de chaque événement, j'eus de nombreuses occasions de parler en public.

Nous devions également rassembler toute l'école chaque matin pour la réunion quotidienne. « En silence, s'il vous plaît, chaque classe bien alignée sur deux rangs. » Aurais-je jamais pu croire, quand j'étais trop occupé à bavarder pour écouter les ordres, qu'un jour c'est moi qui les donnerais ?

Il y avait la routine, et puis il y avait l'inédit. Nous essayions d'avoir quelques idées nouvelles. On commença par le « bonjour matinal », campagne qui fut lancée en avril. Nous arrivions avec une demi-heure d'avance, nous nous postions aux portes et saluions les élèves au fur et à mesure de leur arrivée. C'était une tentative pour encourager ceux qui commençaient la journée l'air renfrogné, la tête basse et les mains calées au fond des poches.

Ensuite, nous décidâmes de recycler les canettes. Le but était de collecter de l'argent en contrepartie des bouteilles vides tout en visant à la propreté du campus. Nous découvrîmes vite que c'était un excellent filon, car nous n'avions pas pris conscience du nombre de gens qui laissent traîner leur canette n'importe où. Dès le début de la récolte, nous sommes devenus plus gourmands. Nous en voulions toujours plus. Nous sommes allés traîner du côté des débits de boissons au sein même de Yohga : « Excusez-nous, nous ramassons les canettes vides pour notre école. Verriez-vous un inconvénient à ce que nous récupérions deux fois par semaine les bouteilles jetées dans les poubelles près de vos distributeurs ? »

Tous les propriétaires étaient d'accord mais exigeaient que nous venions juste avant la fermeture. Le ramassage des canettes devint un travail nocturne : huit-neuf heures. Ce n'est pas une heure pour un collégien. Mais c'était un tel plaisir de parcourir ensemble la ville après le coucher du soleil !

Un jour, le président du comité directeur des sports nous dit : « Hé, c'est un sacré butin qu'on a là. Et il fait si bon ! Allons donc nous balader au parc ! « Nous nous engouffrâmes dans l'espace immense du parc Kinuta tout près de là. Il faisait nuit noire. Cela donnait la chair de poule. On s'imaginait encerclés de monstres lorsqu'une voix nous fit soudain sursauter : « Wouahhh ! » On claquait des dents, un peu mal à l'aise. Un peu plus tard, regroupés autour d'une lampe que l'un d'entre nous avait apportée, nous nous racontâmes des histoires de fantômes. L'expédition de recyclage avait tourné en sortie de potaches.

Il était plus de minuit quand nous rentrâmes à la maison. Certains reçurent une raclée, mais aujourd'hui c'est un bon souvenir. Nous autres, le club des cinq, censés être la fierté du collège de Yohga, n'étions peut-être en fait que des traînards du point du jour.

### *Le « nouveau » Festival de la culture*

À l'automne de la classe de troisième, j'étais un habitué du conseil étudiant. L'heure était venue de mon dernier Festival de la culture. Habituellement, celui-ci comportait deux parties : un concours interclasse de chorales et une exposition de travaux artistiques faits à la maison ou à l'école. Les élèves travaillaient beaucoup pour cela et restaient tard à l'école pour terminer leur ouvrage.

Nous eûmes une idée. Au lieu d'un festival où chacun ferait son truc avant de partir de son côté, nous voulions terminer en beauté par une manifestation collective lors de laquelle tout le monde s'amuserait. Nous avions un prétexte tout trouvé : la commémoration de l'ouverture du nouveau gymnase. « Un festival du plaisir. Un festival pour se souvenir. » Tel était notre slogan.

La préparation d'un festival normal demandait déjà beaucoup de travail. Nos deux ans d'expérience et l'exemple de nos aînés nous suffisaient, pensions-nous. Mais, cette fois-ci, un nouveau défi nous attendait et nous étions livrés à nous-mêmes. Ce fut le début des maux de tête et des préoccupations de tous ordres. Même dans les plans d'exécution puis dans les décisions et l'organisation générale, nous progressions à tâtons.

Dans le même temps, on s'amusait bien. C'était la première fois que chacun de nous avait l'impression de construire quelque chose par lui-même avec les autres. Les décisions les plus minimes – la musique à passer dans le hall quand les gens entreraient dans le bâtiment – étaient l'occasion de tergiversations infinies. « Il nous faut un tube qui va leur donner la pêche. » Et de proposer un titre très vitaminé. « Non, il nous faut un classique qui apaise. Que diriez-vous d'*Honesty* de Billy Joel ? »

Nous avions abandonné les activités du club pour nous consacrer entièrement au conseil étudiant dès la sortie des cours : nous nous regroupions dans la salle du premier étage au bout du couloir et nous creusions la cervelle ensemble sur le programme. L'attraction principale avait enfin été décidée : on ferait des jeux dans lesquels les classes pourraient concourir les unes contre les autres, concurrence déjà exacerbée par la perspective de la compétition des chorales. Leur donner une chance de rivaliser en toute légalité ne pourrait qu'accroître leur excitation – un festival pour se souvenir.

Les professeurs ne furent pas ravis d'emblée mais finirent par nous donner le feu vert. Ce fut sans doute notre récompense pour tant d'enthousiasme partagé. Une fois le programme habituel écoulé, tous les étudiants se rassemblèrent donc dans le gymnase. Des représentants de chaque classe montèrent sur l'estrade et se mesurèrent les uns aux autres pour voir, par exemple, qui plongerait son visage le plus longtemps dans une bassine d'eau. Les professeurs les plus âgés n'étaient pas vraiment emballés de cette initiative. Mais la salle fut enchantée. Cela aurait été du gâchis de laisser cette bonne humeur se tarir à la fin du festival officiel. Nous tenions à garder l'ambiance ? Nous avions touché le jackpot. Nous-mêmes ne nous attendions pas à un tel enthousiasme.

Sans doute n'était-ce pas exactement « culturel ». Mais nous avions réussi à réaliser ce que nous voulions et à donner aux étudiants ce qu'ils désiraient. C'était donc de ce point de vue un Festival de la culture réussi. À quoi bon monter un événement si ce n'est pour y prendre du plaisir ? Voilà la raison pour laquelle tous m'appellent « M. Festival ».

# 15

# Yatchan

*Places réservées*

On dit que les jeunes gens deviennent de plus en plus sauvages au collège. Ils ont des soucis plein la tête : les relations personnelles, leur avenir universitaire, l'amour. Un vague sentiment d'angoisse les maintient sans cesse sur le fil du rasoir et sur les nerfs. Leurs parents leur demandent de travailler, leurs professeurs, de respecter des règles toujours plus nombreuses. Leur frustration augmente. Quand on ne les charge pas éternellement de la responsabilité de ceux qui sont plus faibles qu'eux. Le collège est donc le lieu où se banalisent la brutalité et l'intimidation.

Qu'arrive-t-il quand un handicapé, considéré comme le faible par excellence, intègre ce milieu ? Voilà ce qui préoccupait mes proches quand je passai le cap de la sixième. Ils craignaient que mes amis me négligent, car nous avions tous grandi.

Mes anciens copains risquaient de ne pas me consacrer autant de temps que par le passé, de ne pas me venir en aide aussi souvent. Je dois reconnaître que je ne me sentais pas trop tranquille.

De surcroît, près de la moitié des élèves venaient d'autres écoles primaires du voisinage. Il fallait me faire de nouveaux amis. Or se faire des amis à six ans est simple ; à douze ans, c'est une démarche très différente : mon handicap, qui m'avait dans un sens jusque-là plutôt servi, pourrait bien devenir un fardeau. Je n'étais pas très sûr de le supporter...

Pour revenir au début de ma première année au collège, quand on donna la liste des noms des élèves composant ma classe, je me retrouvai entouré de visages inconnus. Je regardais autour de moi à la recherche d'un copain possible. Au milieu du chahut, il y avait un garçon affalé sur son pupitre, le regard tristement absent. C'est ainsi que j'ai fait la connaissance de Yatchan.

Nous étions allés à la même école élémentaire, mais nous n'avions jamais été dans la même classe. C'était un rapide, intellectuellement parlant, et il n'était pas mauvais en classe. De nature plutôt athlétique, il était l'un des cinq meilleurs nageurs du comté de Setaya. En sixième, il était le chef de sa classe. Il changea peu à peu au fur et à mesure des années de collège. Tout semblait lui poser problème, et il commença à sécher les cours. Il parlait à peine aux autres élèves de sa classe et l'on voyait dépasser un paquet de cigarettes de l'une de ses poches. C'était typiquement le genre de

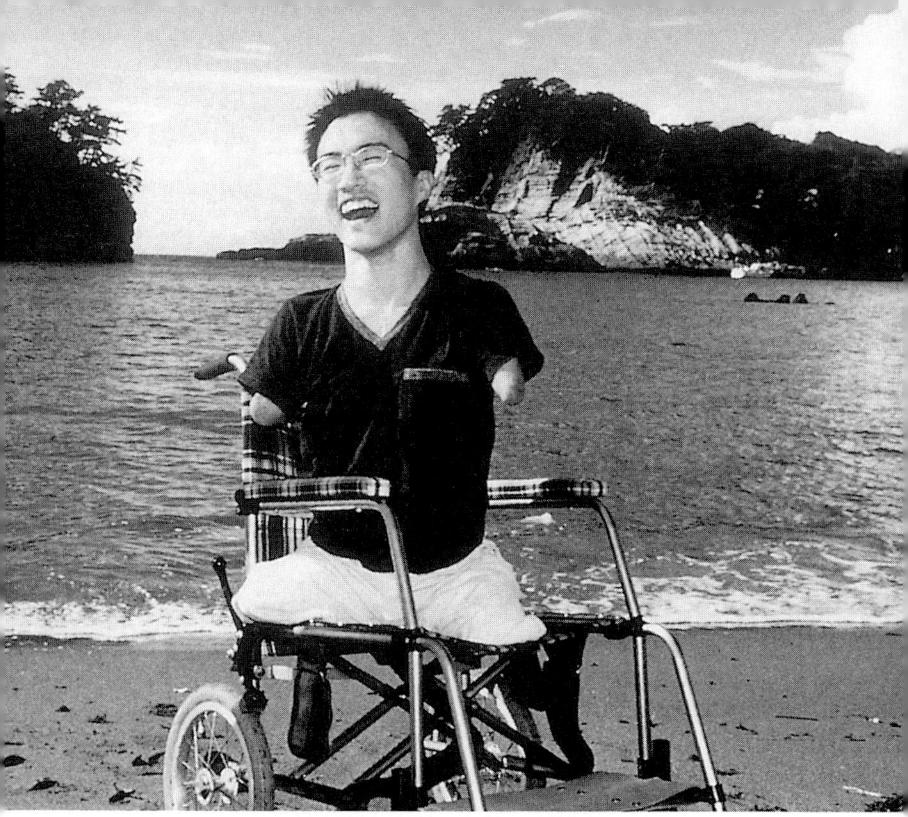

garçon dont les professeurs disaient qu'il était un « prédélinquant ».

Quant à moi, ce type m'intriguait. Il semblait doué d'une certaine qualité dont j'étais dépourvu. Grand et beau, il était populaire auprès des filles. Même un garçon voyait bien qu'il avait du charme. Sa façon de regarder les choses et les gens du coin de l'œil le rendait irrésistible. À côté des autres nouveaux venus – quelques sixièmes pleins de gloriole –, il semblait mûr.

Il avait sa place réservée, en haut des escaliers, sur le palier. C'était son coin à lui. C'était là qu'il s'asseyait toujours, le regard lointain, perdu dans ses pensées. Seul ou avec ses copains. Lors d'une récréation, je regardai là-haut. Il y était. Comme d'habitude. Je me souvins qu'il avait quitté la classe en prétextant un malaise, et l'on avait pensé qu'il était parti à l'infirmerie.

J'avais toujours espéré m'en faire un ami, pourtant l'opportunité ne s'était jusque-là pas présentée. En moins de temps qu'il n'en faut pour le dire, je montai à l'assaut des escaliers. Mon cœur battait un peu plus vite à chaque marche, comme si j'allais fixer un rendez-vous à une fille. Je parvins tout là-haut, le cœur battant la chamade. Il me jeta un coup d'œil sans dire un mot. Ouf ! J'étais secrètement inquiet qu'il ne grogne quelque chose du genre : « C'est ma place, fiche le camp. »

*Un chef bien solitaire*

C'était sans doute un « mauvais garçon », mais son cœur n'était pas méchant. Il ne prenait jamais part aux intimidations et ne se jetait pas dans les bagarres. Un jour, avant l'arrivée d'un professeur particulièrement impopulaire, l'un des garçons de la classe tapota sur le bureau du maître la brosse du tableau noir afin de le couvrir de craie. Le but était de faire enrager le professeur : objectif atteint. Notre professeur principal fut alerté et la suspicion se porta sur Yatchan. Tous le regardaient d'un œil accusateur. Nous apprîmes qu'il s'était fait « cuisiner » par le professeur principal. Yatchan ne se serait jamais prêté à une bêtise si puérile, mais, à notre grande surprise, c'est lui qui paya les pots cassés.

« Pourquoi n'as-tu pas dit la vérité ? » C'était peut-être la première fois que je lui parlais aussi directement. « Nous avons tous vu qui a fait ça.

— Ce n'est pas grave, Oto. Je suis leur tête de Turc de toute façon. Et cela m'aurait obligé à dénoncer le coupable. »

Que répondre à cela ? Si je l'admirais pour son sens de l'honneur, je regrettais que Yatchan s'oublie à ce point.

Les gens recherchaient sa compagnie. En particulier les garçons qui refoulaient des émotions qu'ils ne pouvaient pas gérer par eux-mêmes. Il ne leur donnait aucun conseil et ne les aidait pas. Mais ils venaient quand même. Il leur suffisait d'être près de lui. Sans doute avait-il un pouvoir de guérison. Et sans doute étais-je de ceux qui en avaient besoin. C'était un gars solitaire pourtant. Bien qu'il fût toujours entouré d'une troupe de fidèles, on le sentait seul. Et son air me rendait moi aussi solitaire. Je voulais le comprendre et mériter sa confiance.

Il y eut un gros problème le jour où l'un de ses barons engagea une bataille en mettant son nom en avant. Son statut de « chef » au collège de Yohga avait répandu sa renommée dans les autres établissements scolaires, et le garçon en question, qui s'était mis en très mauvaise posture, pensait pouvoir s'en sortir en utilisant son nom.

Or Yatchan, je l'ai déjà dit, n'aimait pas la violence. Seulement, comme ses amis se tournaient toujours vers lui quand ils avaient des ennuis, il se retrouvait constamment mêlé à des règlements de compte. Sa réputation le suivait partout, et voilà que cela recommençait. Il n'avait pas voulu cette querelle avec un autre établissement, mais il s'y trouvait impliqué malgré lui.

Après l'incident, il parut encore plus seul – du moins c'est ce qu'il me sembla. Il prit de la distance par rapport à ses compagnons habituels. Probablement était-il fatigué de leurs provocations et des bagarres. À mon avis, il se sentait plutôt bien avec moi – qui n'avais pas participé à l'incident, et du reste n'en connaissais même pas tous les détails. Nous passâmes plus de temps ensemble. On nous trouvait toujours à notre place réservée pendant les pauses. Et pas seulement pendant celles-ci car peu à peu nous y trouvâmes refuge aussi pendant les heures de classe. Je savais que ce n'était pas bien, mais je me disais que c'était temporaire.

Je savais aussi qu'il retournerait un jour à la bande de ses admirateurs. Qu'il le veuille ou non, ses fidèles n'oublieraient pas Yatchan, le chef des chefs du collège de Yohga. Ils ne s'en sortaient pas sans lui et il n'était pas le genre de type à les laisser tomber. Il prenait simplement une petite récréation. Sans doute était-il juste un peu las. Il voulait faire une coupure avec son monde et m'avait choisi pour lui tenir compagnie.

Les jours de beau temps, nous nous échappions et passions du temps dans le parc voisin.

« Tu en veux une, Oto ? demandait-il en exhalant un nuage de fumée.

— Non, merci.

— Bon. »

Il n'insista jamais. Je me sentais un peu coupable de sécher les cours, toutefois ce sentiment de culpabilité était balayé par le bien-être que j'éprouvais à ses côtés.

*Mon ange gardien*

Les professeurs n'étaient pas spécialement ravis et se méfiaient de Yatchan. Ils ne craignaient pas qu'il m'infligeât de mauvais traitements, mais ils étaient persuadés qu'il exerçait une très mauvaise influence sur moi et ne se privèrent pas de me le dire. « Ne te mêle pas trop de ses affaires. » Yatchan reçut le même conseil. Mais les professeurs se méprenaient, semble-t-il, sur sa véritable nature.

Revenons au point de départ : que se passe-t-il quand un handicapé, perçu comme faible, entre dans le monde mouvementé du collège ? Logiquement, il subira des intimidations. Surtout s'il est aussi poseur que je l'étais à l'époque. J'avais rejoint le club de basket-ball, j'appartenais à un comité, je me mettais en avant. En d'autres termes, j'était le genre de « M. Je-sais-tout » auquel on avait immédiatement envie de donner une petit leçon. « Ce type me fait vomir ! » pensaient sans doute les autres adolescents. Mais je ne fus jamais l'objet de pressions.

Je pense que la présence de Yatchan y était pour quelque chose. Les autres le considéraient avec des sentiments mélangés – de crainte, de respect, ou bien c'était un peu le héros des jeux vidéo –, mais tous s'entendaient sur le fait qu'il ne fallait pas le prendre à la légère. Et voilà que j'étais son copain. Cela rendait difficile toute manœuvre d'intimidation. On peut dire qu'il était mon ange gardien.

Certes, il n'était pas le premier de la classe à se précipiter sous le nez des professeurs pour les écouter béatement. D'où le fait qu'à leurs yeux il faisait figure d'« élève à problèmes », de « graine de délinquant ». Mais quand je voyais les adolescents faire appel à lui – pour lui confier des émotions et des soucis qu'ils ne pouvaient pas confier à leurs professeurs –, je me demandais s'il était bien le « raté » dont il portait l'étiquette : ce garçon, par sa simple présence, faisait disparaître les préoccupations des autres .

Yatchan vint me voir un jour après que nous ayons passé notre brevet élémentaire. « C'est super, tu vas aller au lycée. Moi j'arrête. Pour moi, pas de diplôme. »

Il quittait le collège afin de devenir électricien. Pour ce travail, il lui fallut couper ses cheveux, les teindre une nouvelle fois – pour qu'ils passent d'un châtain décoloré au noir – et ravaler sa langue quoi qu'il arrive et quoi que disent ses clients. À côté d'un citoyen de son espèce, j'étais un gamin.

« Mais, Yatchan, je suis un parasite qui vit encore chez ses parents. Tu travailles, tu gagnes ta vie. C'est toi qui as réussi.

— Ah oui, c'est ce que tu penses ? Bah… » La grimace embarrassée que je n'avais pas repérée tout de suite s'éclaira en un large sourire.

Je me demande si, près de dix ans après, nos places réservées sont toujours le repaire favori des élèves du collège. Et si les adolescents ont toujours autant de soucis dans la tête.

# 16

# Une lettre d'amour ♥

*Un incident printanier*

Au début de la troisième, je siégeais au conseil étudiant et ma notoriété grandissait au sein de l'établissement. À l'occasion de l'arrivée des nouveaux venus en avril, je pris conscience que j'entamais moi-même ma dernière année au collège. Au basket-ball, nous nous entraînions beaucoup pour notre dernier tournoi. On peut dire que ma vie était bien remplie.

Ce printemps-là, il se produisit un « incident ». Il me semble que cela se passa pendant le cours d'arts plastiques. L'élève assis derrière moi me donna un coup dans le dos.

« Ototake, une fille de sixième m'a donné ça pour toi.

— Qu'est-ce que c'est ?

— Comment veux-tu que je le sache ?

répondit-il en ricanant. Ce n'est tout de même pas une… ? »

J'attrapai l'enveloppe et l'ouvris avec des ciseaux en prenant garde de ne pas attirer l'attention du professeur. L'écriture n'était pas celle, ronde et enfantine, d'une gamine. Le style en était clair et fluide.

*Bonjour. Tu ne me connais sans doute pas, mais moi je te connais. Je te vois chaque matin accueillir les gens à la porte du collège avec les autres membres du conseil étudiant. Quand tu me dis « bonjour », cela me réconforte et me donne du courage pour affronter la journée. Depuis quelque temps, cependant, je suis triste parce que je dois venir plus tôt pour suivre l'entraînement du concours d'athlétisme intercollèges, et je n'ai plus la chance de te dire « bonjour », à toi qui es mon élève préféré de troisième. Chaque matin, j'attendais cet instant avec impatience et il me manque aujourd'hui. Je te promets que je vais faire de mon mieux pendant l'entraînement malgré tout. Et toi, continue cette heureuse initiative.*

*X, cinquième 4.*

Mes ciseaux tremblaient tellement que je faillis me couper. Je pris conscience que j'était tout rouge. Certains ont dû se demander ce qu'il se passait. Je tentai de faire comme si de rien n'était, mais les coins de ma bouche se relevaient de plus en plus. Je ne pouvais pas les en empêcher. J'étais sur un nuage. Je flottais. J'étais étourdi. Je n'étais plus là. Plus du tout là. Une lettre d'amour. La première.

*Le cœur d'un jeune homme*

Cette lettre signifiait bien plus pour moi que je n'en eus conscience à l'époque. J'avais toujours cru que l'amour grandirait avec une jeune fille que je rencontrerais en classe ou dans un club parce que le fait d'échanger des idées avec elle lui permettrait de comprendre quelle personne j'étais vraiment. Telle était ma vision de l'amour jusqu'à ce jour-là.

Mais cette fille était d'un genre différent. Je ne la connaissais même pas de vue et n'avais jamais parlé avec elle seul à seul. Elle n'avait aucune chance de savoir qui j'étais vraiment. Elle pourrait se fâcher si j'appelle cela un « béguin ordinaire », mais le fait est qu'il s'agissait seulement de l'admiration d'une jeune étudiante pour son aîné. Le fait est qu'elle avait aimé mon apparence, le fauteuil roulant et tout ce qui allait avec.

Non que je n'aie pas eu ma part de succès auprès des filles. Le jour de la Saint-Valentin, la coutume japonaise veut que celles-ci offrent des chocolats aux garçons ; je recevais autant de chocolats que les autres garçons de la classe. Mais ce n'étaient pas les chocolats achetés spécialement « pour celui qu'on préfère ». J'étais simplement copain avec beaucoup de filles parce que je parlais un peu avec tout le monde. Elles apportaient une boîte à leur garçon préféré et une pour Oto-*san*. C'est pourquoi, quand je dis que j'avais du succès, cela ne signifie pas que j'étais le genre de type dont les filles tombent amoureuses.

À l'école primaire, je regardais du coin de l'œil la réaction des filles qui couinaient de plaisir devant les superbes adonis de l'équipe de baseball. Je les enviais tout en sachant très bien que je n'étais pas un don juan. J'étais en effet conscient qu'un garçon en fauteuil roulant ne pouvait pas espérer attirer le regard par sa seule apparence – pour capter leur intérêt et non leur curiosité ou leur sympathie, s'entend. Telle était ma conviction. Je me disais pourtant au fond de moi que l'amour n'a rien à voir avec le handicap. Mon cœur était celui d'un jeune homme complexe.

Ces sentiments embrouillés devinrent beaucoup plus douloureux quand j'entrai au collège, car à l'adolescence les romances fleurissent. Et c'étaient évidemment les jeunes gens plutôt bien de leur personne qui attiraient les regards. Même si j'essayais de me le dissimuler en me persuadant que l'important ne se trouve pas à l'extérieur mais à l'intérieur, je ne voyais pas les filles se battre à ma porte. Et tout en restant le bon copain avec qui l'on parle volontiers, je me disais que j'aurais vraiment ma chance si j'avais eu des bras et des jambes. Je dois bien le reconnaître.

*Les obstacles à l'amour*

Une simple lettre balaya tout cela en un instant. Nous ne nous étions jamais parlé et pourtant elle éprouvait un sentiment à mon égard. C'était comme si on me faisait comprendre qu'il suffisait que je sois moi-même. J'étais le maître du monde. Sans aller jusqu'à penser que j'étais un don de Dieu pour la gent féminine, je prenais confiance en moi et les possibilités futures de vivre un amour. « Eh bien, voilà. Je peux vivre une relation classique, moi aussi. »

Je ne dis pas que le handicap n'est jamais un prétexte pour fuir l'autre. Cela arrive : un garçon envoie balader une fille parce qu'elle est en fauteuil. Une fille laisse tomber un garçon parce qu'elle ne peut pas communiquer avec lui du fait de son problème auditif. Quel que soit le courage avec lequel on surmonte cette mise à l'écart, le fait est que les handicapés sont handicapés aussi en amour.

Je pense cependant qu'il est très important de ne pas faire de son handicap une excuse. Certes, lorsqu'on a le cœur en lambeaux, c'est la première tentation qui vient à l'esprit. Si seulement je voyais, si seulement j'entendais... Mais est-ce la véritable raison de notre échec ? La plus belle fille du monde peut être malchanceuse en amour. L'amour ne prend jamais exactement les chemins attendus, et il ne fait pas ce que l'on veut. Du reste, qui pourrait tomber amoureux de celui qui a si peu confiance en lui et se dit sans cesse : « Je suis handicapé, donc que puis-je attendre ? Les femmes me prennent en pitié. Je n'ai aucune chance » ? Voilà bien les réflexions qu'il a à se faire si l'on veut chasser toutes les occasions qui peuvent se présenter !

Certains hommes préfèrent les grandes femmes, certaines femmes les hommes rondouillards. Ma mère dit souvent : « Les hommes trop beaux me mettent mal à l'aise. » Ce à quoi mon père rétorque avec un rire forcé : « Que dois-je en penser ? » Sans aller jusqu'à suggérer que le handicap est un avantage précieux aux yeux de nombre de gens, il ne faut pas se laisser arrêter par nos défauts. Plus que mon handicap en lui-même, c'est la manière dont je le pense, dont je le considère qui pourrait constituer une barrière à l'amour. En fin de compte, tout revient toujours à soi-même, à la personne que l'on est, à ce qu'elle peut ou non offrir à l'autre.

Dites à une fille : « Je suis handicapé, c'est un fait, mais j'ai très bon goût pour m'habiller et j'ai bien plus de cervelle que les autres. De plus, crois-moi, personne ne sera aussi prévenant que moi », et vos chances d'attirer son attention augmentent de façon substantielle – même si on peut trouver l'argument un peu rebattu.

J'ai reçu plusieurs petits mots de cette jeune fille, ainsi que des souvenirs de ses déplacements et des endroits où elle est allée. C'est moi qui ne fus pas en mesure de répondre à ses sentiments. Mais, grâce à elle, je suis plein de courage et de confiance quand l'amour frappe à ma porte.

Je me demande si elle possède toujours le second bouton de ma veste d'étudiant. C'est celui que les filles demandent aux garçons le jour de la remise de diplômes parce qu'il est cousu au plus près du cœur.

# 17

# Entrechats pour examens

*Choisir un lycée*

À la fin de la troisième, l'ambiance s'électrisait. Chacun s'activait. Certains passaient au peigne fin la liste des lycées à la recherche de celui dont l'examen de passage correspondrait à leur niveau, d'autres se penchaient bruyamment sur les catalogues pour trouver l'uniforme qui leur siérait le mieux. Tous se précipitaient sur les corrigés d'examens. C'était une période un peu tempétueuse, aussi pleine d'espoir que d'angoisse.

J'étais comme tout le monde ; je m'inquiétais du choix de ma future école. Non que je n'eusse rien en vue. En fait je pensais au lycée de Toyama – un établissement renommé depuis plus de cent ans. Le chirurgien qui m'avait opéré depuis ma petite enfance ne cessait d'en parler. C'était un supporter fidèle, qui avait accepté la charge de médecin de leur équipe de football américain :

« On ne voit pas souvent des jeunes gens aussi bien de nos jours. Leur dévouement au football est impressionnant. Ils ont du caractère, et surtout ils ne manquent pas de tripes. »

Dès que je commençai à penser aux lycées qui m'intéressaient, ces mots me revinrent immédiatement en mémoire. Je voulais les rencontrer, ces solides gaillards, et, qui sait, en devenir un moi-même. On peut toujours rêver. Pour aller de Yohga à Takadanobaba, où se trouve le lycée, il ne faut pas moins d'une heure de train et plusieurs changements. Prendre le train avec un fauteuil roulant est déjà un défi difficile à relever, mais parcourir les couloirs chaque matin au milieu de cette incroyable cohue était impensable. Il me fallait abandonner. C'est ce qu'il me semblait, jusqu'à ce que mon père fasse une suggestion, saisissante !

« On peut déménager.

— Quoi... ?

— On peut déménager à une distance du lycée que tu puisses parcourir en fauteuil.

— Mais...

— Pas de problème. Mon bureau se situe à Shinjuku. Cela m'arrangera. »

Nous avions déjà emménagé à Yohga pour nous rapprocher de mon école maternelle. Rien que de penser à l'effort et à la dépense que cela nécessitait (six mois de caution)... Je réfléchis un moment à la proposition de mes parents. Fallait-il accepter une offre aussi généreuse ? Non, c'était trop demander. Cela étant, s'il fallait trouver un lycée proche de chez nous, c'était mission impossible car il n'y en avait pas. C'est pourquoi je décidai de profiter de leur extraordinaire et délicate attention. Pour m'en montrer digne, je me mis à travailler très sérieusement. Nous étions au mois de juin.

*Tenter le tout pour le tout*

Lors d'un entretien auquel assistaient mes parents, mon professeur principal me dit sans ambages que je visais trop haut. Toyama était le plus exigeant de tous les lycées pour le recrutement. « C'est cinquante-cinquante. Tu as cinquante pour cent de chances d'être admis et même dans ce cas-là, je ne garantis pas que tu sois capable de te maintenir au niveau. »

J'étais prévenu. Et il avait raison. Mais je n'en avais cure – je voulais quand même aller au lycée de Toyama. Je n'avais plus que cela en tête.

Cependant, les circonstances ne m'étaient pas favorables. Dans le système d'admission de ces lycées de haut niveau, il ne suffit pas d'être excellent le jour de l'examen. Plus votre moyenne au collège est haute, plus bas est le score qu'on vous demande ce jour-là – et réciproquement.

Presque tous ceux qui tentaient leur chance étaient des as qui avaient « A » partout. Autrement dit, il leur fallait obtenir le jour J un minimum de 420 points, soit une moyenne de 84 points par matière. À moins d'une catastrophe le jour de l'examen, ils étaient reçus. Mais, dans mon cas, bien que mes résultats ne fussent pas mauvais dans les cinq matières principales (anglais, japonais, maths, sciences sociales et sciences), il y avait un hic : l'éducation physique.

Dans la mesure où le système d'évaluation des collèges est comparatif, le classement était déterminé par rapport aux performances des autres élèves, et j'étais inévitablement classé au plus bas dans cette matière. Ce qui faisait plonger mes résultats. Je devais obtenir un total de 460 points, soit une moyenne de 92 par matière. Cela n'allait pas être du gâteau.

Pour une fois, j'en avais la chair de poule. Comme je ne tentais qu'un seul lycée, il fallait absolument réussir, peu importait comment. J'avais des visions d'horreur où je passais une année à m'empiffrer et à prendre de la graisse à la maison, malheureux *ronin*, « *samouraï* sans maître », dans l'attente d'une nouvelle chance d'entrer dans l'établissement de mon choix. Je m'affolais à cette idée.

### *La cité de tous les frissons*

Les six mois passèrent en un éclair et la saison des examens nous surprit en plein effort. Mes parents firent alors un geste totalement inconsidéré, qui me donna des sueurs froides. Nous envisagions de déménager pour nous rapprocher du lycée de Toyoma. En matière d'appartement, le choix était relativement limité du fait des contraintes imposées par le fauteuil roulant – pas d'escaliers pour entrer dans le bâtiment, un ascenseur si nous dépassions le rez-de-chaussée, une place pour ranger le fauteuil dans le hall d'entrée, généralement très exigu, etc. En comptant qu'il nous fallait emménager exactement au début du mois d'avril, l'éventail des possibilités était quasiment réduit à néant.

Par miracle, un appartement se libéra. Mais on nous informa qu'une autre personne s'y intéressait, qui hésitait encore. C'était la foire d'empoigne, comme on dit. Là, chose incroyable, mes parents signèrent le bail ! J'étais abasourdi. C'était bien joué si je passais : si ! Tout était là. En y repensant, je ne sais pas aujourd'hui s'il faut se féliciter de leur fermeté de caractère ou s'étonner de leur témérité.

Ce qui me porta un coup bien plus fort encore, c'est qu'ils me le dirent. Des parents normalement constitués auraient signé le bail et gardé un silence prudent afin de ne pas trop mettre la pression. Pas les miens.

« Nous avons déjà signé le bail. Il faut que tu réussisses ton examen. Sinon, on va avoir des problèmes.

— Mais je ne suis pas sûr de pouvoir…

— Eh bien, fais de ton mieux. »

Bon, bon, j'ai compris… Qu'est-ce qu'ils avaient donc dit quand je suis entré au club de basket-ball ? « Je ne sais pas comment fonctionne le cerveau de notre fils. » J'avais très envie de leur retourner le compliment. Mais sans doute avais-je tort d'espérer d'eux un comportement normal – puisqu'il était clair que j'étais moi-même un casse-cou.

*Un jour pluvieux de mars*

Je n'ai jamais perdu mes moyens le jour J – ni raté mes répliques les jours de représentation théâtrale. Je ne m'effondre pas au moment crucial. Au moins puis-je être confiant en cette force-là. Mes chances étaient vraiment de cinquante pour cent.

La liste des reçus devait être affichée une semaine après les examens, le 3 mars, jour de la Fête des poupées. Il va de soi que j'avais prévu de me rendre au lycée pour découvrir moi-même le résultat, mais il pleuvait ce jour-là et ce fut ma mère qui se déplaça. On afficherait la liste à dix heures du matin. À la demie, je n'avais toujours pas reçu le coup de téléphone, et bien des choses terribles tournèrent dans ma tête. Je ne pouvais m'empêcher d'imaginer le pire… et pour essayer d'enlever ces pensées de mon esprit, je me raisonnais : la file d'attente devant le téléphone public était forcément immense. Nous n'étions pas encore à l'ère des téléphones portables et je n'avais aucun moyen de la joindre. Était-elle en train de se demander comment me consoler ? Je sus ce jour-là le sens de l'expression : « Le temps suspend son vol. »

Il était près de onze heures quand le téléphone sonna enfin : j'avais réussi. Ma mère était tombée sur une de ses connaissances, du genre bavard. Pourquoi ce jour-là justement ? Dieu aime à faire des farces. Je ne réalisais pas pleinement parce que je n'avais pas vu la liste moi-même. Mais la joie m'envahit tout doucement. Je pensai confusément : « Tout ce travail porte ses fruits. » Et nous n'aurions pas à rompre le bail. Mes parents reconnurent qu'ils avaient signé parce qu'ils croyaient en moi, mais toute la foi du monde n'évite pas la nervosité. En fait, ils étaient simplement humains : ils me confièrent un peu plus tard qu'ils n'avaient pratiquement rien pu avaler pendant tout le mois précédant les examens tant ils étaient inquiets. Je me sentis un peu coupable mais, si je n'avais rien remarqué, c'est sans doute parce que je n'étais pas non plus bien dans ma peau.

Peu importait. J'avais gagné. La partie n'avait pas été une sinécure. Mais tous mes soucis s'évaporèrent à l'annonce de la bonne nouvelle. Ma vie à venir fut mon nouveau sujet de préoccupation. J'avais un mois pour penser aux nouvelles rencontres qui m'attendaient. Que me réservaient les trois ans à venir ?

# 18

# Vingt-cinq guerriers

*Pétrifié !*

En avril 1992, j'entrai au lycée Toyama. Les aînés nous réservèrent, à nous les nouveaux, un accueil particulièrement enthousiaste. Toyama était un établissement très vivant où pas moins de quarante clubs faisaient des pieds et des mains – c'était bien le cas de le dire – pour recruter de nouveaux membres. Après les classes et pendant les pauses, un escadron d'athlètes en maillot dégringolaient en hurlant les couloirs et les paliers tandis que les groupes artistiques envahissaient les classes et nous interprétaient rapidement un air ou un sketch. En règle générale, nous étions débordés par tant d'exaltation.

Je m'étais acoquiné avec un gars qui s'appelait Ryo. Quand on pèse ses quatre-vingt-dix kilos et qu'on mesure son mètre quatre-vingt-huit, impossible de se perdre dans la foule. Il va de soi que tous les clubs de sport se précipitaient sur lui : son pupitre était toujours assailli par les recruteurs à la moindre petite pause. Nous étions assis l'un à côté de l'autre et j'enviais, je l'avoue, toutes les simagrées qu'on faisait autour de lui sous mes yeux. Non que l'on ne me fît pas de propositions, bien sûr : le club d'échecs japonais (le go et shogi), la chorale, la société littéraire… rien qui m'intéressât vraiment.

Cela faisait peut-être quatre jours que nous étions arrivés. Une fois de plus, les aînés des clubs de sport faisaient le siège de Ryo, sous mon nez.

« Euh, j'aimerais me joindre à vous… »

Quand le recruteur se retourna et vit qui lui adressait la parole, il fut pétrifié. Pas de doute : j'avais bien attrapé le type habillé en gladiateur avec un casque à la main, tenue prouvant qu'il appartenait au club de football américain. Les yeux dans les yeux, je lui renouvelai ma demande : « S'il vous plaît, je souhaite adhérer au club de football. » Ce que je pourrais faire une fois inscrit ne m'avait pas effleuré l'esprit. Les paroles de mon chirurgien orthopédiste à propos des gars de l'équipe de football qui avaient du cran avaient orienté ma démarche après m'avoir conduit à Toyama. Je me joignais à eux parce que je le voulais. Tout comme le jour où j'avais signé pour le basket-ball, j'avais oublié le mot « handicap ».

*Ma place au sein de l'équipe*

Le football étant beaucoup plus un jeu de contact que le basket, il n'était pas question que je participe à l'action en tant que joueur sur le terrain. Je fis donc partie des gestionnaires, mais je ne pouvais en accomplir aucune des tâches : préparer les boissons, bander les chevilles, acheter des fournitures au magasin de sport. Je m'énervais contre moi-même et tentais de dépenser mon trop-plein d'énergie en hurlant deux fois plus que les autres aux entraînements. Pouvais-je vraiment servir à quelque chose ou ne serais-je qu'un poids ? Je ne le savais pas encore mais je chassais toute pensée négative de mon esprit.

Les entraîneurs virent enfin ce qui m'arrivait. Après avoir sérieusement réfléchi à ce qu'ils pourraient me faire faire, ils me confièrent l'ordinateur. C'était mon premier retour au clavier depuis trois ans.

Au Japon au moins, le football américain donne l'image d'un sport où des hommes immenses se rentrent dedans. C'est assez vrai. Même au niveau du lycée, ceux qui se trouvent en première ligne pèsent leurs deux cents livres au moins, c'est-à-dire le modeste poids de quatre-vingt-dix kilos. Et quand vous les voyez, harnachés dans leurs épaulières et coiffés de leur casque, se précipiter sur leurs adversaires, cela tient plus de l'art martial que du sport de terrain. Mais il faut aller y voir de plus près. De fait, bien que les apparences présentent des humains jouant le rôle de boulets de canon, la réalité est faite d'une grande préparation au plan mental – en d'autres mots, de stratégie. On joue au football américain pour partie avec ses jambes, pour partie avec sa tête.

Le rôle qu'on m'avait confié était de tenir les statistiques : il fallait rassembler les données techniques des équipes que nous étions amenés à rencontrer et les entrer dans l'ordinateur, les analyser en termes de stratégie pour le jeu à venir : « Dans un cas comme celui-ci, *x* pour cent de l'équipe A joue sur le côté droit, *x* pour cent sur le côté gauche. Dans telle situation précise, elle réussit *x* pour cent de passes et court *x* pour cent du temps. » Voilà ce que je devais mettre en boîte et classer pour les entraîneurs. Avant un grand match, je pouvais passer une nuit entière à rassembler les données de l'équipe à partir de vidéos.

Mais ce n'était pas là ma seule fonction. J'étais admis à siéger aux réunions des entraîneurs quand ils décidaient des places des nouveaux arrivants sur le terrain et à donner mon avis pendant les entraînements. Sans être expert en la matière, on repère souvent mieux certains points du jeu depuis la ligne de touche que lorsqu'on se trouve au beau milieu de la mêlée. Je n'étais donc ni joueur ni administrateur. Je faisais un peu un travail d'entraîneur sans en être vraiment un. Les contours de mes fonctions étaient très vagues. C'est justement pour cette raison qu'on attendait toujours plus de moi et que l'on me considérait comme un trait d'union important entre joueurs, entraîneurs et administrateurs. Grâce à cela, je fus en mesure de trouver enfin ma place au sein de l'équipe.

*Que penser de ces « Frelons » ?*

Notre équipe – les Frelons verts de Toyama – était assez forte, et ce malgré le fait que nous n'étions pas aussi bien placés que les lycées privés en matière de taille des joueurs. Comme les établissements d'État avaient pour critère de recrutement des disciplines intellectuelles, nous devions accepter dans nos rangs des garçons pesant une quarantaine de kilos pour avoir assez de joueurs. Tandis que les clubs d'établissements privés pouvaient se permettre de prendre des joueurs à l'essai puisqu'ils regorgeaient de stars athlètes parmi lesquelles choisir. Si l'on ne retenait que le critère de la taille, nous étions sans doute l'une des cinq plus mauvaises équipes de tout Tokyo.

Les muscles qui nous manquaient étaient compensés par une excellente équipe directoriale, la meilleure du pays : à sa tête, deux entraîneurs, anciens joueurs nationaux. Grâce à leur remarquable préparation mentale et stratégique, les Frelons verts étaient devenus une équipe de valeur qui disputait toujours les demi-finales régionales. Notre cri de ralliement était : « Kanto champions ! » Il s'agissait de battre des joueurs qui faisaient deux fois notre taille pour devenir l'équipe n° 1 de la région de Kanto (Japon oriental) ; telle était notre ambition. Au printemps de mon année de première, nous étions en train de transformer ce rêve en réalité.

Aux quarts de finale du district de Tokyo, nous affrontâmes le concurrent tenant du titre, le lycée de Nichidai. Comme son nom l'indiquait, la Résistance noire, leur équipe était habillée de noir des pieds à la tête. La vue de ces hommes était suffisante pour semer la panique chez leurs adversaires. C'était une équipe formidable. À Nichidai, les joueurs bâtis comme Ryo étaient légion. Si seulement ils s'étaient contentés d'être immenses ; ils étaient aussi forts et rapides. Nos joueurs disaient : « Il y a un mur énorme qui bouge à la vitesse de l'éclair sous nos yeux. » Voilà ce qu'il nous fallait abattre.

C'était le match de la dernière chance car seules quatre équipes de Tokyo participeraient au championnat de Kanto, ce qui voulait dire que nous devions absolument passer la barre des quarts de finale. Pour cela, il fallait battre Nichidai. Si nous perdions, c'était la fin de l'aventure. Les aînés durent laisser la place aux jeunes : c'était quitte ou double.

La manifestation eut lieu sous la pluie – le football étant un jeu tous terrains et tous temps. Nous n'étions pas en trop mauvaise forme, mais la Résistance noire prenait le dessus. Sous la pluie persistante, une humeur massacrante s'installa sur notre banc. Personne pourtant ne perdait espoir. Dans le quatrième quart d'heure, l'horloge était contre nous. Notre escadron tenta le tout pour le tout. On ne pouvait plus distinguer les couleurs des Frelons, le vert et le jaune de leurs maillots disparaissant sous la boue. On n'apercevait plus qu'à grand-peine le numéro inscrit dans leur dos, et pourtant nos hommes rayonnaient dans ce combat qui les portait vers leur rêve.

Quant à moi qui ne pouvais que hurler, je hurlais. Et je disais à nos gars, dès qu'ils revenaient au banc pendant les changements, qu'ils faisaient un boulot du tonnerre. Je ne me sentais jamais impuissant car, comme eux, j'avais quelque chose de capital à faire : croire jusqu'au bout en notre équipe et en sa victoire.

14-12. Un retour de l'enfer. Nous avions tous joué notre rôle jusqu'au bout sans jamais faillir, sans jamais désespérer. C'est comme ça qu'on leur avait rivé le clou. Je ne pouvais m'empêcher d'applaudir. Au bord des larmes, je fus témoin d'une scène incroyable. Un aîné, bien connu pour ne jamais laisser paraître ses émotions, pleurait comme un gosse à genoux sur le terrain. Je ne pus retenir mes larmes, laissant s'exprimer ainsi le bonheur que j'avais de faire partie de cette équipe. Les visages dégoulinaient de boue, de pluie, de sueur et de pleurs ; nos joueurs formèrent un cercle et lancèrent leurs casques en l'air dans un cri de guerre qui me donna la chair de poule. Ce jour-là, nous avons tous su dans l'équipe pourquoi le football était *notre* jeu.

Après notre extraordinaire remontée face à Nichidai, nous étions favoris. Nous étions partis pour gagner le tournoi de Tokyo pour la seconde fois de notre histoire. Mais le rideau final tomba trop vite. Dans le premier tour du tournoi régional de Kanto, nous jouâmes contre les champions de la préfecture de Shizuoka, le lycée de Mishima. Le jeu allait et venait et quand sonna la fin de la partie, le score était de 28 partout. Égalité. Selon les règles du tournoi, le gagnant était tiré au sort. Le juge lança une pièce de monnaie et, quelques instants plus tard, nous vîmes notre capitaine se précipiter, la tête dans les mains. Notre rêve s'était envolé.

Pendant deux ans, de l'entrée en seconde jusqu'au dernier tournoi du printemps de la dernière année, nous avions été des fous de foot. Nos esprits étaient pris par le foot – constamment –, en classe, dans la rue, dans le bain. Au lycée, le foot était notre raison de vivre. Une fois le foot sorti de nos vies, chacun ressentit un vide immense. Il ne me fallut pas longtemps pour prendre conscience de ce qui m'avait le plus apporté. En nous serrant les coudes pour décrocher le trophée de Kanto, nous avions tous trouvé vingt-quatre camarades dont nous pouvions être fiers.

## 19

## L'eau de la vie

*Michio*

Le Festival de Toyama se tenait en septembre. La règle en était établie depuis longtemps : les élèves de seconde organisaient les expositions d'art et de science, ceux de première faisaient du théâtre et les terminales réalisaient un film. Ce programme différait légèrement de celui des autres écoles, et sans doute était-il un peu moins populaire auprès des parents et amis qui devaient assister à des films et des pièces d'amateurs au lieu de participer à des activités ludiques et de s'empiffrer au buffet. Pour nous, qui nous trouvions du côté de la production, c'était là le meilleur festival que nous puissions trouver.

Notre classe de terminale avait déjà commencé à penser à son projet de film dès l'automne précédent. Il nous fallait d'abord choisir un réalisateur. Les élèves qui participaient à notre pièce de théâtre cette année-là me dirent que j'étais le meilleur choix possible et qu'ils me soutiendraient. Comme j'ai toujours aimé attirer l'attention et prendre des responsabilités, je pensai que l'idée était loin d'être mauvaise. Poussé par les autres, je me voyais déjà en haut de l'affiche comme réalisateur. Cela ne fut pas si simple.

Un autre garçon, Michio, postulait lui aussi à cette fonction. Il appartenait au club de football et nous étions amis depuis la classe de seconde. Pour revenir plusieurs mois en arrière, on l'avait surnommé *mojo man* (le « noir à ressorts ») parce qu'il avait cette science innée de l'équilibre que l'on attribue aux joueurs afro-américains et qu'il bronzait vite et bien. Il était donc très noir de peau – dans les camps d'été, après l'extinction des feux, tout le monde pouvait le repérer grâce à ses dents blanches et à son tee-shirt immaculé au milieu de la nuit. Il n'avait pas que sa constitution d'athlète à son actif. Il attirait les gens par un charisme, une aura difficiles à décrire. Je ne lui arrivais pas à la cheville en la matière.

Les élèves qui se plongent dans les livres n'ont jamais eu prise sur moi, non que je sois persuadé de faire mieux qu'eux à l'école, mais parce que je ne mesure pas le mérite des gens à leurs résultats scolaires. En quoi Michio sut-il me bluffer ? En un mot, c'était un grand cœur. Sa capacité vitale semblait insondable. C'était un esprit libre qui ne dépendait de rien ni de personne. À côté de lui, je prenais vraiment conscience de ma petitesse au plan humain.

Quand il devint réalisateur, je fus déçu, tout en éprouvant une certaine satisfaction. Bien que persuadé d'avoir laissé passer ma chance, je mis tous mes espoirs dans ses fonctions de réalisateur et ne pensai plus un seul instant que j'aurais dû me trouver à sa place.

Quelques camarades de classe qui ne connaissaient pas la réelle valeur de Michio continuaient de me pousser vers cette fonction, mais je laissai tomber en leur disant : « Si vous voulez un bon film, Michio est votre homme, pas moi. » C'est ainsi que le projet prit forme sous la houlette de Michio, son réalisateur, dont je devins logiquement l'assistant.

*La vie*

Il nous fallut six mois pour décider du thème et terminer le scénario. Nous en rejetâmes un qui était presque terminé après deux ou trois mois de travail. Recommencer nous demanda du courage, mais nous étions tous d'accord : « Si l'on veut faire un film, il faut que nous nous sentions tous bien dedans ou ce n'est pas la peine. » Et notre groupe de retourner à ses stylos et à ses feuilles blanches.

Mai était là. Il fallait encore écrire le scénario définitif. Le thème fut enfin arrêté. Il s'agissait de la mort. « Rester vivant » serait sans doute plus approprié. On peut penser qu'il s'agit là d'un sujet bien sérieux pour des gamins de notre âge, mais cette année-là la plupart des seize établissements de la sélection finale du Festival dramatique national des lycées traitèrent du même sujet.

Voilà notre intrigue. Toru, âgé de seize ans, et sa mère vivent seuls. Quelques années auparavant, la sœur aînée s'est suicidée et le père est mort d'un coma éthylique. Depuis lors, plus rien n'a de sens pour Toru, et la vie a perdu sa saveur. Cependant, au fur et à mesure qu'il prend conscience de l'amour que sa mère porte à son père, à sa sœur et à lui-même, Toru progressivement essaie de continuer à vivre. Un jour, Minami, la jeune fille dont il est éperdument amoureux, est transportée à l'hôpital à la suite d'un accident. Toru est ravagé de chagrin. Son père, dont il pense pourtant qu'il est mort, lui apparaît pour lui confier combien la vie est précieuse. Il lui dit que chaque être humain est un trésor – chacun d'entre nous. Cette vision n'était qu'un rêve. Mais à son réveil Toru apprend que Minami a repris conscience et il se précipite à son chevet. La revoir lui révèle ce qu'il avait oublié : combien il est bon de vivre, tout simplement.

Nous n'étions pas des pros. Cela avait l'air un peu naïf et bon enfant, mais j'étais heureux parce que le message passait de façon perceptible et compréhensible par tous. Quand l'un des élèves proposa ce scénario, je me suis demandé comment je n'y avais pas pensé. J'étais étonné qu'un jeune de mon âge ait abordé ces choses-là en les transposant avec tant de talent.

Michio, dont la culture générale était immense

et qui était toujours plongé dans un livre, trouva le nom du film. Il choisit *Usquebaugh*. Ce mot gaélique à l'origine de « whisky » signifie « l'eau de la vie ». Il motiva ce choix par le fait qu'il avait été frappé de la façon dont ce terme liait un élément de notre quotidien que nous ne voyons même plus – l'eau – et la vie. Ainsi, à quoi donnions-nous de la valeur ? Michio expliqua qu'il avait choisi ce titre pour que le film pose la question suivante : qu'est-ce qui est précieux en chacun de nous ?

Ainsi baptisé *Usquebaugh*, notre film put se faire.

### *Des saveurs différentes*

Le tournage commença à la mi-juillet, après les examens clôturant le premier trimestre, et dura un mois. Rien n'était simple car il nous fallait compter avec la canicule. La période la plus chaude au Japon se situe à cette période de l'année, de mi-juillet à mi-août. Tourner toute la journée sous un soleil torride était une vraie torture. Je m'en sortais bien par rapport au reste du plateau, car certains de mes camarades devaient se prêter aux exigences du réalisateur par une température avoisinant les trente-cinq degrés. D'autres devaient même porter des manteaux pour tourner des scènes d'hiver. Il suffisait de les voir pour suer à grosses gouttes.

C'est l'équipe technique des cadreurs, des preneurs de son et des électriciens qui souffrit le plus.

Quand il nous suffisait de nous déplacer pour être en eau, il leur fallait aussi porter de place en place un matériel terriblement lourd. Et leurs conditions de travail ne faisaient qu'empirer au fur et à mesure de la progression du tournage. Ils devaient rester impassibles même si la sueur leur coulait dans les yeux et que les moustiques en faisaient leur repas. Il eurent vraiment beaucoup de cran et de courage.

Eno était le chef opérateur idéal. Celui à qui on accordait volontiers le titre de « meilleur père de famille potentiel » était digne de confiance. Sa force était égale à sa gentillesse. Il aimait travailler dans le calme. En classe de première, quand il vit que personne ne se proposait pour fabriquer les accessoires de la pièce de théâtre, il construisit tout seul un cerisier pour le décor. S'il restait souvent en coulisse, nous savions que c'était l'homme de la situation, veillant à ce que tout fonctionne.

Quant à Michio et moi, notre association fonctionnait aussi parfaitement. Chaque jour, je m'acquittais de mes devoirs d'assistant avant qu'on ne tourne, vérifiant le moindre détail : le lieu du tournage, l'heure du rendez-vous, les membres de l'équipe et les acteurs dont nous avions besoin, le lieu où l'on entreposait les équipements, les bras chargés de les transporter sur le lieu du tournage, etc.

Puis, une fois les ingrédients préparés, Michio devenait le chef qui détenait la recette. Quand la caméra tournait, il possédait parfaitement le contrôle de la situation. Il avait l'art et la manière. Il avait aussi le don instinctif des choses. Pour être franc, j'étais heureux de ne pas être à sa place. Je pense que nous avons donné chacun le meilleur de nous-même à ce film.

*Usquebaugh* avait un sous-titre : *Une goutte d'eau.* L'image venait de la scène du rêve où le père de Toru lui disait : « Un être humain est comme une goutte d'eau. Une goutte d'eau, c'est si petit que, quand elle tombe dans l'océan, on ne peut la retrouver. Mais l'océan est fait de milliers de gouttes d'eau. Et l'humanité est comme l'océan, Toru. Je suis sûr que tu es en train de te dire : "Quelle différence fait une seule personne ?" Ce monde est fait de milliers de personnes et chacune d'elle est un être unique. Penses-y. Chaque vie a sa propre valeur. Chaque vie est précieuse. »

J'aimais ce passage. Une fois le tournage terminé, je pris conscience de la différence entre l'homme et la goutte d'eau. Une différence cruciale. La goutte d'eau est semblable à sa voisine, tandis que les hommes, eux, sont tous dissemblables.

Ce projet me fit vraiment comprendre l'expression « la bonne personne au bon endroit ». Car nous avions besoin d'un Michio qui sache diriger les gens et d'un Oto qui sache mettre les choses en ordre. Comme nous avions besoin d'un Eno qui travaille en coulisse autant que de ceux qui brillèrent sous les projecteurs. En donnant le meilleur de ce que nous avions – à savoir nos différences –, nous réalisâmes un beau film. Pour moi, cette prise de conscience à elle seule donnait à tout le projet la peine d'être vécu.

Dans la bande-annonce du film, j'écrivis : « Quel message voulons-nous faire passer aux générations à venir ? La vie est précieuse, nous avons besoin les uns des autres… Différentes possibilités s'offrent à vous mais quand vous les examinez, vous devez changer de regard pour voir ce que vous n'aviez jamais vu auparavant – ce qui est le plus important pour vous. »

# 20

# Maths : 7/200 

*Une célébrité ! ?*

Les études n'étaient pas vraiment mon truc. Même après le choix de la voie littéraire au lycée, j'étais particulièrement faible en maths et en physique, pourtant dites « élémentaires » du fait de cette voie. Je savais que ce n'était pas mon fort, lucidité qui se reflétait fidèlement dans mes bulletins scolaires.

Je m'en sortis encore assez bien au contrôle continu de la fin du premier trimestre. Même en maths, je me situais, à mon grand soulagement, dans la moyenne. Mes résultats accusèrent cependant une sérieuse baisse. Le contraire aurait été étonnant. En effet, je mangeais, je dormais, je respirais football. Pour l'honneur du club, cependant, je dois reconnaître que certains de ses membres, tout en lui donnant tout ce qu'ils avaient, se débrouillaient quand même pour obtenir de bons résultats scolaires. En ce qui me concernait, je n'y parvenais pas. Quand je me plonge dans quelque chose, je perds tout le reste de vue. Je ne suis pas du genre touche-à-tout. Et voilà que, pour la première fois, je me fis coller.

Un jour, alors que je descendais le grand hall en fauteuil roulant avec un ami du club qui était aussi loin du compte que moi, j'entendis deux filles d'une classe voisine chuchoter :

« Tiens, voilà les nuls du club de foot.

— J'ai entendu dire qu'ils avaient eu cinq points à eux deux au dernier contrôle de maths.

— Tu plaisantes ? Non... c'est vrai ? Sans blague ! »

J'étais indigné. Pour être franc, je m'apprêtais à leur rétorquer que ces cinq points étaient tous les miens. Le copain avait eu un zéro pointé. Mais je changeai d'idée. C'était l'hôpital qui se fichait de la charité.

Cet incident se renouvela assez souvent. Je savais qu'on se moquait de moi. « Bah, pensais-je, on se moque de moi. Me voilà célèbre. » Toujours cet amour des feux de la rampe. Je ne ressentais pas la moindre honte. Peut-être parce que j'étais vraiment un nul...

### *Mon numéro d'appel sort*

Il fallut bien que j'ouvre quelques livres. Mon professeur de mathématiques était d'une patience d'ange, mais quand vint l'automne de la classe de seconde, elle perdit sa bonne humeur. Elle avait toujours pris soin de moi, me prêtant ses livres préférés, et n'était pas du tout collet monté : il lui était arrivé de nous raconter comment elle lavait ses cheveux avec de la mayonnaise ou du yaourt – « parce que c'est excellent pour eux et pour le cuir chevelu ». Ce jour-là son avertissement était d'une parfaite limpidité :

« En fait, vous n'êtes pas du tout mauvais en maths, mais vous êtes trop frénétique de votre club : c'est de la dépendance. Si vous n'obtenez pas au moins 40 sur 40 au prochain test, je serai obligée de vous faire suspendre du club de foot. »

L'affaire était grave. Comment pouvais-je penser aux études quand je me donnais corps et âme au football ? Seulement voilà. Le football lui-même était en jeu et il me fallait faire un bon score. Ce n'était pas si simple. En effet, il était inutile d'étudier les différents points du test si je ne maîtrisais pas les bases. Il me fallut lire et relire, retourner aux épisodes précédents pour m'y retrouver. Quand on est bon en maths, cela n'est pas une grande affaire, mais pour moi c'était l'enfer. Je fus près d'abandonner une bonne dizaine de fois.

Au pied du mur, les gens se surpassent : 65 points sur 100 ! Un fort beau score, légèrement supérieur à la moyenne de la classe. Suffisant en tout cas pour convaincre le professeur de me laisser poursuivre mes activités dans le club. Après cette alerte, je profitai encore plus du football – grâce à ma faiblesse en maths !

Mais l'histoire n'est pas terminée. En première, j'avais un autre professeur de mathématiques, que je ne vis pas beaucoup à vrai dire. Juste avant les vacances d'été, quand les contrôles furent terminés, je rencontrai mon ancienne prof dans la rue. Elle était sur l'autre trottoir et m'avait également reconnu. Mettant ses mains en porte-voix, elle hurla de toutes ses forces : « Ototake, comment s'est passé le test de rattrapage ? » *Sensei*, mettez-la en veilleuse. Moins fort ! Et puis vous serez gentille d'éviter ce genre de réflexion quand je suis avec une fille que j'aime bien… On parle du passé. De toute façon, je n'ai pas *besoin* d'un test de rattrapage.

Je ne réussis jamais à m'améliorer en maths. En dernière année, pour couronner les cinq examens réguliers, on avait droit à des « tests de connaissances » pour faciliter le choix d'une faculté. Je les passai parce que je ne pouvais pas faire autrement, râlant tout le long : « Pourquoi est-ce que ce n'est pas en option ? » Mes performances dans les autres matières n'avaient rien dont je puisse tirer une fierté particulière, mais les maths étaient un vrai désastre. Je ne pus comprendre les questions, encore moins donner les réponses et je considérai le tout comme peine perdue.

Les tests ont toujours un effet boomerang au moment même où l'on a cessé d'y penser. Voyez un peu. J'avais beau vérifier ma copie, ma note n'y figurait pas. Seul figurait mon numéro d'appel, « 7 », écrit au stylo dans l'angle. Je regardai par-dessus l'épaule de ma voisine. « 147 ». Au stylo.

Ah ah… Je jetai un coup d'œil à mon voisin : « 123 ». Au stylo dans l'angle. J'avais du faire une grosse erreur. Le « 7 » n'était pas mon numéro d'appel : c'était ma note.

7 sur 200.

Je n'ai jamais aimé les maths !

# 21

# Ambitions

*En grandissant*

« Takagi *sensei*, vous êtes notre ennemi ! » Je devais être en CE1 quand j'ai fait cette déclaration de guerre à un *sensei* plutôt inquiet.

« Et pourquoi serais-je ton ennemi ?

— Parce que vous êtes un supporter des Géants de Yomiuri, voilà pourquoi. Tsuchan et moi, nous supportons l'équipe d'Hanshin.

— Mais ton père est aussi un supporter des Géants. Serait-il aussi ton ennemi ? »

— Oui, bien sûr. Papa et vous devriez être amis.

— Mais l'équipe d'Hanshin n'a pas vraiment de bons résultats, tu dois bien le reconnaître.

— Euh… bien, quand je serai grand, je ferai du base-ball professionnel et je jouerai dans l'équipe d'Hanshin. »

C'était vraiment ce que je voulais devenir : un

joueur professionnel de base-ball. Mais, comme il en est des enfants qui rêvent d'être un jour pilote d'avion et le lendemain conducteur de train, mon cœur n'était pas très stable. Voici une liste qui donnera une idée des différentes orientations de ma future carrière.

En CE2 ou CM1, j'annonçai que je voulais devenir un joueur professionnel de shogi. Takagi *sensei* m'avait enseigné ce jeu d'échecs japonais parce qu'il voulait que je puisse me distraire par mes propres moyens. Dans ce jeu intellectuel de stratégie, mon handicap n'est pas un frein. J'étais fasciné. J'étudiai le jeu et invitai des copains à jouer avec moi.

*Sensei* s'attendait à ce que je fasse des progrès en un an ou deux, mais le résultat dépassa ses espérances. Je le surpris. Je devins l'un des meilleurs joueurs de la classe, pourtant je n'étais pas de taille à me mesurer avec lui, ni également, et c'est le plus important, à d'autres élèves, qui me battaient régulièrement. En CM2, je compris que, si je ne pouvais pas faire mieux, je ne pourrais jamais passer professionnel.

Changeant totalement d'orientation, je décidai en sixième de devenir président des États-Unis. Je ne sais pas qui me donna cette idée, que j'abandonnai trois jours plus tard à l'annonce qu'il me faudrait pour cela devenir citoyen américain. Je ne voulais pas quitter le Japon et abandonner ma nationalité japonaise. Cela étant, l'idée fit son chemin et je me dis : « Si je ne peux être président des États-Unis, je peux devenir Premier ministre du Japon. » Mais ce métier-là n'était pas pour moi à l'époque très séduisant.

*Droit ?*

Au collège, les choses prirent un tour plus sérieux et mes ambitions se précisèrent. Je choisis le droit. Ce choix naquit d'un incident insignifiant. J'étais un adolescent rebelle, et ma mère me lançait souvent le sarcasme suivant : « Si tu aimes tant argumenter et réduire les autres au silence, pourquoi ne pas devenir avocat ? » J'ai dû ce jour-là oublier que j'étais un rebelle et prendre son ironique allusion au sérieux.

« Un avocat… Hmmm ? »

Ce fut parti pour cinq longues années. Au lycée, je revis la question. Un jour, je lus dans le journal que l'examen national du barreau était d'une grande difficulté. Un des points évoqués attira mon attention : on y disait que l'âge moyen des candidats reçus se situait à 29,3 ans. Quand on pense qu'on commence à préparer cet examen à la faculté, cela veut dire qu'il faut presque dix ans pour accéder au barreau du Japon. Travailler comme un forcené pendant tout ce temps m'était une pensée insupportable. « Qu'est-ce que cela fait ? me dit un ami, une fois l'examen passé, c'est la vie en rose ! » Pourtant, je doutais : voulais-je vraiment passer le reste de mes vingt ans – cette période de la vie où l'on s'imbibe d'expériences nouvelles – à ne rien faire d'autre qu'étudier ?

Le choix n'était pas facile. Je voyais bien qu'on ne parvenait à ses fins qu'après des années de labeur. Sans critiquer cette façon de vivre, je ne suis pas fait pour cela. Je n'ai ni la patience ni la persévérance nécessaires.

Je reconsidérai la question de savoir si je voulais vraiment être avocat. Je pensai à l'échange un peu vif qui m'avait amené à me mettre cette idée dans la tête et aux rêves qui avaient suivi. Et je compris que l'image surtout m'avait séduit. Les avocats étaient audacieux.

Je m'exprimais bien en public et j'avais toutes mes chances à l'examen s'il y avait beaucoup de « par cœur ». En plus, c'était bien payé. Mais quand je compris que c'étaient là mes seules motivations, en plus de l'image de la profession, j'en fus honteux. Je m'en excuse auprès de ceux qui pratiquent ce métier. Car je ne doute pas qu'ils aient de bien meilleures motivations – aider les victimes de l'injustice, croire passionnément que les hommes sont égaux devant la loi. J'aurais fait injure à la profession. En outre, quelque chose me disait que je le regretterais. Quand le chemin devient rude et qu'il se couvre de difficultés, la seule apparence ne nous emmène pas très loin.

Pour choisir un métier, il faut avoir une idée claire de la façon dont on a envie de s'insérer dans la société. La définir, c'est aussi trouver dans quelle direction se tourner pour chercher un travail permettant d'accomplir la tâche que l'on s'est fixée. Et si l'opportunité ne se présente pas, il faut la créer, et donc créer son travail. Sans avoir ce sentiment très fort, on ne peut probablement pas s'accrocher à ce que l'on fait. Et sans cet engagement, on ne peut pas en être fier. Sans doute le monde est-il plus âpre que je ne le pense. En ce qui me concerne cependant, je suis incapable de faire un travail sans y mettre du cœur.

« C'est la belle vie d'être avocat ! » J'avais vraiment mis la charrue devant les bœufs.

### *Un cheminement indécis*

J'étais un combinard de talent, un « je-sais-tout » élégant. J'ai souvent fait la grimace en voyant comment les uns et les autres suivent le courant en choisissant d'aller à la faculté. Pourquoi faire des études supérieures s'ils n'ont pas d'idées sur le but qu'ils poursuivent ? Je me trouvais à mon tour dans cette galère. Quand mon envie de devenir avocat se ternit, je n'avais aucun autre choix à l'esprit. La faculté ne me semblait donc pas appropriée. J'envoyai mon inscription sans y croire vraiment. Toutefois, je ne pouvais me concentrer sur la préparation des examens d'entrée à l'université dans cet état. On me pressait d'avoir un diplôme : « On ne sait jamais ! » Mais quel diplôme choisir ?

J'avais quitté le club de football, nous avions terminé notre film et je n'étudiais pas pour ces fameux examens d'entrée à la faculté. Je tournais en rond. Pour la première fois, j'ai appris ce qu'était ne pas avoir de but. J'étais sans doute dans la phase de décompression, voire de légère dépression, qui suit toujours une longue période d'activité intense – je préparais en même temps le championnat de Kanto et le Festival de Toyama.

Le dernier semestre passa comme un éclair. À l'époque des examens, tous mes copains prenaient déjà un nouveau départ, soit pour aller à l'université de leur choix, soit pour tenter d'entrer dans une boîte à bachot. J'étais loin derrière, tout seul.

Un copain me dit alors : « Oto, tu es trop idéaliste. Comment peut-on décider de sa vie à dix-huit ans ? Évidemment, ce serait mieux d'étudier à la fac une matière que tu aurais choisie, mais pourquoi ne pas y aller pour trouver ce que tu veux faire ? »

Il me réveilla de mon sommeil. OK. Va pour la fac.

# 22

# Les joies des boîtes à bachot

*Trouver une école*

Le quartier dans lequel nous vivions, Takadanobaba, était un quartier étudiant bien connu. Il abritait de nombreuses boîtes à bachot pour ceux qui voulaient préparer les examens d'entrée à la faculté : ils y suivaient des cours du soir pendant les années de lycée ou s'y rendaient à plein temps quand ils avaient obtenu leur diplôme sans pour autant pouvoir entrer dans l'université souhaitée. Il y en avait un si grand nombre autour de chez nous, bons ou mauvais, que je ne savais sur lequel porter mon choix, considérant qu'ils feraient tous l'affaire, du moment qu'ils étaient proches de la maison. Grave erreur.

Sur les conseils d'un ami qui en avait suivi les cours, je me présentai dans l'un d'entre eux.

« Bonjour, je voudrais m'inscrire chez vous à partir d'avril prochain.

— Un instant, s'il vous plaît. » La jeune femme de l'accueil disparut dans un bureau. Je pensai qu'elle allait chercher une brochure, mais je me trompais lourdement.

À son retour, elle me répondit très poliment : « L'école ne possède pas toutes les installations nécessaires pour les fauteuils roulants, telles que l'ascenseur ou les toilettes. Il ne nous est donc pas possible de vous accepter. »

Ce fut un choc. Mais je passai outre et m'en allai chercher ailleurs. Je fus confronté à une réaction du même ordre. Je m'expliquai : « Je n'ai pas besoin d'ascenseur, je peux monter les escaliers, et cela m'est égal que les toilettes soient ou non accessibles aux fauteuils roulants. » On finit par refuser sous prétexte que « on ne pouvait prendre la responsabilité de ce qui pourrait arriver un jour ».

Je continuai ma tournée. En vain. Dans certains établissements, c'est dès l'escalier d'entrée dans le bâtiment que je me trouvais refoulé, ne pouvant même pas accéder à la réception pour poser ma candidature. Dans le pire des cas, on me répondit la chose suivante : « Je crains qu'on ne puisse recevoir des gens en fauteuil roulant… » Pourtant, nulle part n'était inscrit : « Interdit aux fauteuils roulants. » Même dans ce cas, je ne fus ni outragé, ni brisé. Simplement étonné. « Eh bien, vivre dans un fauteuil pose des problèmes », pensais-je.

J'avais eu jusqu'à présent la chance de grandir avec des parents, des professeurs et des amis qui ne m'avaient pas du tout considéré comme un « handicapé ». C'était même la première fois que je me heurtais à un mur à cause de mon handicap. Ce n'était pas le moment de rester assis, les yeux écarquillés d'étonnement. Je m'étais enfin fait à l'idée d'aller à l'université et voilà que je ne trouvais pas d'endroit pour m'y préparer. J'avais vraiment besoin d'une boîte à bachot parce que je n'avais pas la volonté d'étudier tout seul à la maison. J'étais dans le pétrin.

Je reçus dans le même temps un document m'informant que l'école Sundai, l'un des trois principaux réseaux de grandes écoles préparatoires nationales, venait d'ouvrir un établissement près de chez moi. Sans m'autoriser trop d'espoir – un grand établissement de ce genre étant sans doute le dernier à accueillir des gens comme moi –, je me présentai pour voir quelles étaient mes chances. On accédait au bâtiment principal par un escalier, mais, dans l'aile nouvellement construite, il y avait des ascenseurs. Cette aile était totalement accessible aux fauteuils roulants. Restait à savoir si l'on voudrait de moi.

La personne qui me reçut sembla d'abord dubitative. On parla de « responsabilité ». Pourtant, au moment où j'allais laisser tomber, les plus jeunes membres de l'équipe pressèrent le directeur de revoir sa décision, ce qui eut pour effet de la faire basculer en ma faveur. Après l'entretien, je fis le tour de la place avec l'un des jeunes qui m'avait défendu afin de vérifier dans quelle mesure les lieux m'étaient accessibles. En entrant dans l'ascenseur, il me dit : « Faisons de notre mieux ensemble. » Ces quelques mots me réconfortèrent énormément. L'épreuve que je venais de traverser était derrière moi. Je commençais mon année de *ronin*, une longue année de préparation d'examens.

### *Un vrai motard*

L'endroit où se situait l'école, à Okubo, n'était pas très éloigné de chez moi par le train, mais comme il m'était difficile de prendre ce moyen de transport dans des conditions de fréquentation journalière normale, je devais me rendre à l'école en fauteuil roulant. Il me fallait exactement une demi-heure pour parcourir la distance. Ce n'était pas très agréable mais, considérant la façon dont les écoles de Takadanobaba m'avaient accueilli, ce petit supplément ne me pesait pas. Sauf quand il pleuvait. Je calais mon parapluie entre l'épaule gauche et le cou, coinçant la poignée sous ma jambe pour la stabiliser dans le vent pendant que je conduisais du bras droit comme j'en avais l'habitude. Cela me demandait un gros effort, car tenir cette position était difficile et le parapluie entravait surtout ma vision du trafic et des feux. Une randonnée de ce genre était plutôt périlleuse.

Si j'ai très rarement fait l'école buissonnière, même lorsqu'il tombait des cordes, c'est parce que j'aimais la vie. Et même si cela peut paraître étrange, je trouvais cette boîte à bachot très attrayante. C'était facile de s'y faire des amis puisque nous étions répartis en classes fixes – elles ne changeaient pas à chaque cours – et – particularité de Sundai – nous nous voyions attribuer un pupitre pour tout le temps de notre scolarité. Par ailleurs, le fait que près de la moitié de la classe préparait la même université nous donnait un esprit de corps, l'impression d'aller ensemble quelque part.

La première personne dont je fis la connaissance fut Rikimaru – près d'un mètre quatre-vingts, de longs cheveux, le visage émacié et le regard sinistre au point qu'un copain vint me demander s'il se droguait. Toujours en train de tirer sur un mégot pendant les pauses, il m'apparut comme inapprochable.

Un jour que je revenais de me désaltérer, le cours avait déjà repris. Devant la porte, je me heurtai à Rikimaru, qui était également en retard pour être allé fumer quelque part. Comme ce professeur-là n'était pas des plus indulgents, nous décidâmes d'attendre la fin du cours dehors sur les bancs. Je découvris alors un tout autre Rikimaru que celui que j'avais imaginé. Il était convivial, convenable. Et nous flashâmes en découvrant que l'un de mes vieux coéquipiers de basket était son copain de lycée. Ce jour-là est née une complicité. Dès lors, nous ne nous quittâmes plus.

Rikimaru venait à l'école en moto. Il s'y connaissait en bécanes. Comme je n'avais jamais eu de copain motard, la chose était nouvelle pour moi. Il y avait là des gens d'horizons très différents

– certains venant de l'extérieur de Tokyo, d'autres, d'écoles privées –, et Rikimaru qui venait d'un monde qui ne m'était pas du tout familier. Sans doute fut-ce une bonne raison pour que je prenne tant de plaisir à me trouver en sa compagnie.

Les vacances d'été sont un passage essentiel pour les étudiants des boîtes à bachot, car si vous arrivez à travailler pendant cette période, vous avez une grande chance de réussir vos examens. Quand les cours reprirent à la fin de l'été, mon cercle d'amis s'élargit rapidement. Bien que nous soyons nombreux, notre classe comprenant près de cent étudiants, l'atmosphère n'y était pas vraiment celle d'une boîte à concours. Nous étions un petit groupe à bien nous amuser ensemble – il nous arrivait d'aller pique-niquer dans le parc du bord de mer à Kasai, de visiter les restaurants où l'on pouvait manger du *shabushabu*, une pièce de bœuf de prix et de qualité, et vider seize assiettes à la vitesse de l'éclair, d'organiser, la nuit, des poursuites avec mon fauteuil roulant dans un parc. Nous nous amusions plus que lorsque j'étais pris comme un fou par le football. C'était le temps où, comme tous ceux de mon âge, j'avais un « bip » pour rester constamment en contact avec mes copains.

Mon occupation principale de l'année était censée être... les études. Mais pouvais-je vraiment éviter de prendre du bon temps ?

## 23

# Un miracle

*À vos marques…*

Je n'étais pas du tout bien parti dans les matières universitaires, du fait de ma brillante carrière des trois dernières années. Le premier cours que je suivis à Sundai fut l'anglais. Le professeur ne cessait de répéter les lettres suivantes : SVO (sujet, verbe, objet), mais je n'avais pas la moindre idée de ce que cela pouvait bien vouloir dire. Je pris mon courage à deux mains pour demander à mon voisin.

« Psst. Qu'est-ce que c'est, SVO ? un code ? »

Le regard qu'il me lança hésitait entre l'indignation et la pitié – « Ce type est-il en train de se ficher de moi ou est-ce qu'il en tient une couche ? » Voilà ce que je lus dans ses yeux alors que j'étais terriblement sérieux.

N'ayant pas subi les tests pratiques pour entrer à la faculté à la fin du lycée, je n'avais pas de moyen d'évaluer mon niveau. Il fut bientôt clair que, sur cent étudiants, je fermais consciencieusement la marche. Jusqu'où pourrais-je rattraper ce retard en un an ? J'attendais avec impatience de pouvoir dire que ce n'était plus mon problème. Le choix de Waseda, l'une des deux facultés privées les plus recherchées du pays, était assez amusant pour quelqu'un de mon niveau. J'avais de cette faculté l'image d'une « place sympathique ». On la décrit souvent comme un creuset où se rencontrent des gens de tous horizons et de valeurs différentes qui peuvent se mesurer les uns aux autres. J'avais l'espoir que, si je me retrouvais dans leurs rangs, quelque chose de bien m'arriverait. Non que je dépende des autres pour me montrer le chemin, mais Waseda m'apparaissait comme le lieu le plus approprié pour trouver ma voie.

Ce n'était pas la seule raison de mon choix : la fac était juste à côté de chez moi. L'appartement où nous nous étions installés pour que je puisse aller à Toyama était à cinq minutes de marche du campus principal. La faculté des lettres se trouvait de l'autre côté de la rue : je la voyais de ma fenêtre. Quant à la faculté des sciences et techniques, elle était installée en face de mon ancien lycée – quoique son emplacement ne fît pas partie de mes priorités étant donné mes somptueux résultats en la matière. Me trouver dans le voisinage de la faculté, c'était déjà être en relation avec elle. Et si j'allais ailleurs, il nous faudrait déménager une fois encore. Waseda était donc idéale à mes yeux. Mais bien plus éloignée de moi que je ne l'imaginais.

Je pris peur à la vue des résultats des premiers tests pratiques. Pour les cinq facultés de Waseda que je tentais, mes chances de réussir se situaient au plus bas score : un E dans quatre cas, un D dans le cinquième. J'eus l'impression désagréable que la feuille de résultats – barrée d'une belle annotation « À reconsidérer » – se moquait tranquillement de moi. « Qu'est-ce que tu crois, mon gars ? Tu comptes aller à Waseda avec des résultats pareils ? » Je savais en théorie qu'il s'agissait là d'un score tenant compte de mes aptitudes du moment, mais la réalité des faits m'apparut soudain dans toute leur inquiétante clarté : c'était pire que de la frustration, c'était de l'affliction. Y arriverais-je ?

### *Vas-y tranquille*

On peut vraiment dire que j'avais ma propre méthode de travail. On s'imagine généralement un *ronin* penché sur ses livres jusqu'à deux ou trois heures du matin. Ce n'était pas mon cas. J'étais au lit peu après vingt-deux heures tous les soirs. On peut rire car ce n'est pas une heure pour un étudiant censé bachoter, mais c'est la vérité. Du fait de mon manque de force physique, il me faut absolument de nombreuses heures de sommeil pour être en forme le lendemain. Et je pique du nez vers vingt-deux heures.

De plus, il m'était impossible de travailler à la maison. En partie par paresse, en partie parce que la présence du lit, d'un placard et d'une bibliothèque coincés dans ma chambre ne laissait plus d'espace pour installer un bureau. Je comprends mieux pourquoi les amis qui nous rendaient visite s'exclamaient souvent : « Est-ce bien la chambre d'un étudiant ? »

Travailler à la maison sous-entendait tenter de se concentrer dans la salle de séjour, où mes parents regardaient la télévision. En revanche, je me levais très tôt. Je déjeunais à six heures et demie puis je me rendais à Sundai dans la salle d'études, où je travaillais jusqu'au début des cours. En fait, c'était une salle d'étude spéciale. Comme la pièce commune se trouvait dans le bâtiment principal où il n'y avait pas d'ascenseur, on m'installa une salle d'étude particulière au premier étage de la nouvelle aile, que l'on appela la « salle d'Ototake ». C'était une faveur. Comme j'y étais seul, c'était parfait pour se concentrer et je fis des progrès. J'y retournais après les cours et redescendais ensuite.

Du matin au soir, j'étais plongé dans les livres. Quand je rentrais, je me reposais, regardais un match de base-ball à la télé avec mon père et me couchais un peu après dix heures. Les gens riaient. « Tu vas à ton rythme, c'est sûr ! » Je le prenais comme un compliment, car c'est important de connaître et de respecter son rythme.

Je m'étais attelé à l'anglais, au japonais et à l'histoire du Japon. Je ne passais pas beaucoup de temps sur le japonais, convaincu que, jusqu'à un certain point, c'est une question de talent : il faut avoir ou non le tour de main, en l'occurrence un brin de plume. J'avais déjà de bonnes bases en histoire, seule matière que j'avais étudiée sérieusement au lycée, et j'avais calculé que je serais probablement prêt dans les temps si je m'y mettais vraiment à l'automne. Il restait l'anglais, dont le coefficient était le plus élevé et que tous considéraient comme la clé du succès. Je vous ai déjà donné un aperçu de mes piteux états de service en ce domaine.

L'anglais devint donc la priorité des priorités pendant la pause d'été. Je travaillais si dur que je m'étonnais moi-même. Parfois, je mangeais même un morceau sans lâcher les livres. Je pense que j'abattais bien mes dix heures par jour. À l'automne, je revins à mon rythme bien personnel, mais les efforts estivaux commencèrent à payer. Et de façon spectaculaire. J'étais parti du bas du classement. Mon ascension s'accentuait à vue d'œil. En septembre, j'étais au milieu du classement, et en décembre parmi les dix premiers.

Je ne voulais pas me raconter d'histoires : je n'y étais pas encore pour la simple et bonne raison que mes chances d'entrer à Waseda furent sanctionnées par des E ou des D lors des tests pratiques suivants. Et quand, de temps en temps, j'avais l'impression de m'en sortir, je ne dépassais pas le C. S'il était clair que je progressais sensiblement, j'étais encore loin du niveau d'admission de la faculté de Waseda. Je n'irai pas jusqu'à dire que je ne me sentais pas pressé par le temps, mais je maintenais le cap et mon rythme, en me disant que j'avais encore quelques mois devant moi.

*Mon horoscope*

15 janvier. Férié pour la plupart des gens, ce jour est aussi celui du début des examens au plan national. Waseda étant une université privée, je n'avais pas à les prendre en compte, mais je jetai un œil aux questions qui sortirent dès leur publication dans le journal le lendemain. Un œil distrait, bien sûr.

Une heure après, je le regrettais déjà. J'avais entendu dire qu'on n'avait aucune chance pour Waseda si l'on n'obtenait pas au moins 90 points aux examens nationaux. J'avais 70 en histoire, mon point fort. J'étais trop ébranlé pour pousser ma chance jusqu'au japonais et à l'anglais. Je tentais de rassurer mes parents : « Ne vous inquiétez pas, ne vous inquiétez pas. On dit que les questions nationales sont très différentes de celles de Waseda. » Ce disant, je sentais le sang quitter mon visage.

1^er^février : début des examens des universités privées. En deux semaines, je reçus de nombreux appels d'amis qui se félicitaient d'avoir intégré tel ou tel établissement. Comme je n'étais pas encore passé, cela ne faisait qu'ajouter à ma frousse grandissante. Waseda était la dernière sur la liste.

Pour rester dans le coup, je repris les énoncés

des précédentes sessions. Quand je finis d'évaluer mes résultats, je ne pus m'empêcher de pousser un « Ouh ! ! » sonore et décontenancé. Dans les trois matières, j'obtenais une moyenne de 70 points – 80 à 90 en histoire. Persuadé qu'il y avait une erreur, je repris d'autres années et m'en sortis correctement. Comment était-ce possible ? Mes espoirs renaissaient.

Le 20 février, jour J. Comme je tentais cinq facultés, j'avais cinq jours d'examen de suite. Cela durait presque toute la journée. Ce serait physiquement éprouvant, mais je devais avoir confiance dans ma volonté d'être admis à Waseda.

Le premier jour était consacré à la faculté des sciences de l'éducation. Parce qu'elle donnait un coefficient plus fort à l'histoire, mon point fort, c'est là que j'avais, à mon avis, le plus de chances. Mais je dus faire face à un incident tout à fait imprévu. Pendant la deuxième heure du devoir d'histoire, j'eus soudain besoin d'aller aux toilettes. C'était probablement dû à la température très froide pour la saison et au stress. Je passai outre. Pendant la pause entre la deuxième et la troisième heure, je ne pus accéder aux toilettes par mes propres moyens. Je fus réduis à attendre que la troisième heure commence.

Cela ne fit qu'empirer jusqu'à ce que je sois obligé de me balancer sur mon siège pour tenir le coup. C'était bien ma chance : l'heure du japonais. À l'inverse de l'histoire, où il suffit de poser noir sur blanc ce que vous avez retenu, il faut ici de l'intelligence et de la subtilité. Ma tête était tellement ailleurs qu'il n'y avait plus de place pour les intentions de l'auteur. Et voilà. Une année de travail perdue pour une envie de faire pipi.

1er mars. Les premières listes de résultats devaient être affichées. Elles donneraient le nom des étudiants reçus non seulement à la faculté des sciences de l'éducation mais aussi à celle des sciences politiques et de l'économie, réputées pour être les deux établissements les plus rigoureux et stricts de Waseda. Je savais que mes chances étaient minces. J'avais évalué mes résultats selon une grille de décodage fournie par la boîte à bachot quelques jours auparavant, et j'étais limite limite. Le fil du rasoir. Personne ne me croyait, à la maison, quand je disais qu'il restait pourtant une lueur d'espoir. Comment aurait-on pu me croire, d'ailleurs ? L'une des facultés dont nous parlons était justement celle où je n'avais pas pu me concentrer normalement pendant tous les examens du fait d'une envie pressante. Quant à l'autre, c'était la plus difficile des facultés du domaine privé. J'avais peut-être tort d'espérer.

L'attitude de mes parents contrastait avec mon humeur. Ils m'avouèrent plus tard qu'ils n'en étaient plus à se demander si j'allais ou non être reçu, mais à décider de la meilleure stratégie à adopter lorsque j'allais revenir à la maison complètement effondré. L'horoscope quotidien à la télévision leur avait porté le coup final. Pour mon signe, Bélier, il annonçait : « Vous allez vous trouver dans l'embarras devant un grand nombre de gens. » Bien qu'ils ne croient jamais aux horoscopes, pour cette occasion exceptionnelle ils lui accordèrent du crédit au point de perdre tout espoir !

Il pleuvait des cordes. Je priai pour ne pas m'effondrer en pleurant sous la pluie et fus sur les lieux en cinq minutes. Le temps de le dire. Comme ma mère était allée voir mes résultats au lycée, c'était la toute première fois que j'épluchais les noms – en l'occurrence les numéros d'appel qu'on nous avait donnés. Je m'imaginais en train de me frayer un chemin parmi la foule jusqu'à la liste comme un personnage de série télévisée, et j'étais déçu qu'il n'y ait pas plus de gens massés devant le tableau d'affichage et gênant mon passage. En effet, ceux qui avaient déjà été reçus à d'autres facultés n'avaient sans doute pas pris la peine de se déplacer sous la pluie battante pour s'informer au plus vite des résultats. Tout en pensant : « Ces types n'ont pas mis autant de cœur que moi dans cet examen », je me tournai d'abord vers la liste de la faculté des sciences politiques et de l'économie.

Je récitai 4-6-6-4, 4-6-6-4, 4-6-6-4 dans un souffle pendant que mes yeux parcouraient le papier. Ça non ! ! alors ! Je m'y repris à plusieurs fois. Deux fois. Trois, quatre fois. Je ne me trompais pas. Pour une raison qui m'échappait, le code 4 664 figurait sur la liste que j'avais sous les yeux. Hmm, et si c'était le 6 446 ? Je repris ma convocation pour vérifier. C'était bon. Le 4 664 était bien écrit là, noir sur blanc. Reçu à Waseda. Moi !

J'ai dû me pincer. Comment était-ce possible ? Comble de chance, j'étais reçu dans les cinq facultés. Je savais juste que je voulais aller à Waseda. Je n'avais donc pas cherché ce que j'allais vraiment y étudier. Je pensais encore moins avoir la possibilité de faire un choix. Cela me fit faire du souci pendant une bonne semaine.

La cérémonie d'entrée eut lieu un mois après. J'avais opté dans le département des sciences politiques, faculté de sciences politiques et de l'économie, université de Waseda.

Troisième partie

# Un cœur libre d'accès

*À l'université de Waseda*

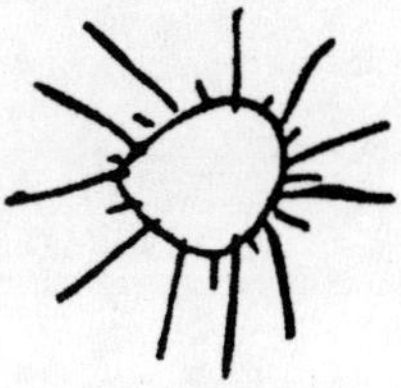

# 24

# La chance du débutant

*Les excentriques à la porte*

En 1996, la cérémonie d'ouverture eut lieu sous une pluie fine et pénétrante. La foule qui se pressait sur le campus était considérable. Près de mille nouveaux venus étaient rassemblés tandis que des hordes d'anciens rongeaient leur frein avant de les recruter dans les clubs. J'étais habitué aux expéditions de cette sorte après le délire vécu au lycée Toyama lorsque j'y fus admis. Ici pourtant, c'était très différent. Un nouveau venu flânant autour du campus pendant une trentaine de minutes les bras ballants se trouve vite entouré d'une nuée de volatiles, jusqu'à une centaine de drôles d'oiseaux pépiant autour de lui.

Pourtant, nous étions totalement en dehors du coup. Hors jeu. Par « nous », j'entends mes trois anciens coéquipiers des temps héroïques du football américain et moi. Quatre mousquetaires devenus *ronin* rassemblés à Waseda un an plus tard. Permettez que je fasse les présentations : Ryo le géant, qui dépasse la mêlée des épaules et de la tête ; Nari, notre ex-capitaine, dont la présence et le visage de quadragénaire forcent le respect ; Kage dans son costume serré noir aux allures de mafioso. Et votre serviteur, les cheveux tombant sur les épaules, dont on ne pourra jamais dire, même avec toute la bonne volonté du monde, qu'il a de l'allure dans un costume. Ce dont mes amis se moquaient sans vergogne.

De fait, si j'avais été un recruteur croisant sur ma route un quarteron de poseurs de notre espèce, je ne leur aurais sans doute pas adressé la parole. Après avoir un peu circulé sur le campus, Kage laissa d'un coup sortir sa hargne. « Où est le problème ? Juste au moment où je vais enfin être abordé par un de ces oiseaux, il lui suffit de me regarder pour partir en sens inverse !

— Peux pas lui en vouloir. Regarde tes yeux minables.

— D'accord.

— Oh, hé, regarde un peu qui parle comme ça ! »

Il n'y avait plus chez nous la moindre trace de dépaysement, de cette tension du premier jour. Il suffisait d'un clin d'œil pour repérer ceux qui débarquaient tout seuls à Tokyo pour la première fois – ils avaient l'air perdu, agrippaient leurs bagages bien étiquetés en ouvrant de grands yeux ébahis sur tout ce qui les entourait. Par contraste, nous avions quant à nous suivi les cours des écoles du quartier pendant quatre ans. Nous nous tenions sur nos terres. Avec tant de vieux copains retrouvés ici, y compris de l'ancien club de football, nous nous sentions chez nous : le contraire eût été étonnant. Quelle que soit la raison qu'on puisse donner à cette attitude, nous nous situions plus du côté des hommes à l'humeur balourde que des jeunes tout frais descendus de leur train et pleins d'entrain.

Avec mes vieux potes du gang, je commençai ma nouvelle vie de fac. De là à choisir un club…

*« Fourscore and seven years ago »*

Comme les recruteurs ne me faisaient pas vraiment la cour, j'avais un choix limité : il s'agissait d'aller vers un club qui m'intéressait et me permettrait de nouer des contacts. Avec tous ces jeunes gens qui se vendaient à coup de discours racoleurs, il me fallait un peu de courage pour solliciter quelqu'un : « Salut, j'aimerais plus d'information… »

Mes coéquipiers feraient de nouveau du football. Avec les anciens élèves de Toyama comme points d'appui, les Rebelles de Waseda étaient devenus imbattables dans la région de Kanto. Notre vieux rêve de devenir champions régionaux semblait près de devenir réalité. Enfin ! Mais les Rebelles n'étaient pas sur ma liste. Bien que j'aie travaillé en coulisse pendant deux ans pour l'équipe du lycée, je voulais maintenant faire quelque chose pour moi. Je pris donc la décision de rouler pour l'équipe de foot de la fac, sans y adhérer toutefois.

On dit qu'à l'université de Waseda il n'y a pas moins de deux à trois cents clubs. Celui sur lequel je jetai mon dévolu était la Société de rhétorique anglaise. Je la rejoignis en partie par caprice, parce qu'un de mes amis y adhéra, mais au fond de moi j'entendais mon père qui ne cessait de me harceler : « Assure-toi que tu feras de l'anglais. Ce sera très utile. » Quand je me rendis à la réunion d'information, je fus ébahi. L'amphithéâtre d'environ quatre cents sièges était à moitié plein. D'après l'un de ses membres, c'était une société importante qui accueillait près de deux cents nouveaux venus par an. Le nombre ne fut pas ma seule surprise. J'eus très vite l'occasion de me rendre compte que ladite société était fidèle à sa réputation d'exigence.

Le tout premier jour, on me confia une brochure en anglais. Quand je demandai de quoi il s'agissait, un aîné me répondit, l'air détaché : « Oh, c'est le texte du discours pour le concours de la fin du mois. » Oh, oh… Ledit concours différait légèrement des autres : chaque concurrent recevait le même texte. Aux hommes, on donna la fameuse allocution de Lincoln, *Le Discours de Gettysburg*. Il fallait l'apprendre par cœur. De ce jour-là, je me surpris à tournoyer en murmurant *of the people, by the people*, même aux toilettes. Moi qui pensais en avoir terminé avec la boîte à bachot !

### *Un « finalist »*

À l'intérieur, la brochure tenait plus de la partition de musique annotée à chaque mesure : ici, « mettre de la force » ; là, « en douceur ». Ailleurs, « lent et passionné ». Si nous recevions tous le même discours, nous serions jugés sur la prononciation et l'interprétation – la puissance, le style, le rythme. Comme il s'agissait d'une allocution présidentielle, l'un des points les plus importants serait la capacité à faire passer l'autorité du chef d'État.

Bien. S'ils cherchaient une attitude ferme, j'étais leur homme, car j'avais déjà une réputation dans ce sens. Exception faite de ma prononciation, je n'étais pas trop mauvais lorsque je m'exprimais en public. J'avais siégé au conseil étudiant et j'avais été représentant de classe au début de mes années de lycée. Le trac ? Jamais entendu parler. J'avais peut-être mes chances de devenir un (quel est donc le mot anglais ?) *finalist*.

Il n'était pas envisageable que deux cents personnes venues ensemble présentent leur texte à la suite les unes des autres : une journée n'y aurait pas suffi. On organisa donc un premier tour dont les aînés se firent les juges. Dix finalistes seraient sélectionnés, qui s'exprimeraient devant un public une semaine plus tard. Comme nous étions environ une centaine de garçons, cela signifiait qu'un sur dix seulement atteindrait la finale. Certains élèves venaient d'établissements supérieurs situés sur le continent. Cela promettait d'être serré.

Les résultats du premier tour furent proclamés dans la salle de réunion du club. À chaque nom, on percevait des mouvements divers dans la salle et quelques applaudissements épars. Déjà huit finalistes avaient été sélectionnés, et j'étais en train de renoncer à mes rêves oratoires quand on annonça « Ototake ».

Les membres de mon groupe – nous étions répartis en groupes qui se réunissaient régulièrement – étaient aussi excités que s'ils avaient eux-mêmes été sélectionnés.

« Vas-y, Oto !

— On sera là pour t'encourager. »

Entre-temps, je réfléchis à la situation : il y avait un monde entre moi qui n'avais rien à offrir d'autre qu'une attitude ferme et les gars qui savaient vraiment parler anglais. J'espérais juste que ça ne se terminerait pas en désastre devant tout le monde.

*« M. Ototake »*

On nous recommanda de porter un costume le jour de la finale. Celle-ci avait lieu dans une salle louée pour l'occasion. Les juges avaient tous l'anglais comme langue maternelle. C'était plus sérieux que je ne l'aurais cru. Que faisais-je là ? Je commençais vraiment à me le demander.

Je pris garde à ma prononciation afin de ne pas

me rendre ridicule. Le son *v*, qui n'existe pas en japonais, est délicat car il ne faut pas oublier de mordre la lèvre inférieure. Distinguer le *l* du *r* est également difficile. Quant à *th*, je ne pus jamais faire mieux qu'imiter un ballon qui se dégonfle. Ce n'était pas très présidentiel…

Je passais à la fin du programme dans l'après-midi. Les finalistes de la première partie étaient de qualité – ils parlaient vraiment anglais. À la pause déjeuner, je ne pus strictement rien avaler. Je me parlais à moi-même, surpris de mon état de tension. Si je m'étais exprimé en japonais, je n'aurais fait qu'une bouchée des autres concurrents. Pourquoi fallait-il que ce soit de l'anglais ? Mes résultats en la matière au lycée n'avaient jamais dépassé la moyenne… Du coup, ma volonté originelle d'améliorer mon anglais s'était évanouie. Mais ma vieille combativité relevait la tête aujourd'hui.

« *Fourscore and seven years ago…* » Dès que je commençai, la salle fit silence. Et ce silence fut une bénédiction : j'étais à moitié ivre. Quel étrange plaisir que celui de s'exprimer devant un parterre. Lorsque je prononçai les mythiques « *of the people, by the people, for the people* », *j'étais* le président des États-Unis.

« Premier prix : M. Ototake. »

Je regardais autour de moi à la recherche du gagnant quand je vis tous les yeux se tourner dans ma direction. Il me fallut un petit moment pour réaliser ce qui m'arrivait. J'étais fier d'avoir su capter l'attention du public, mais je n'avais pas rêvé du prix. De retour à la maison, je contemplai comme dans un nuage le trophée si beau. Si beau et si étonnant.

J'étais entré à Waseda en espérant que ce serait un « endroit sympathique ». Peut-être allait-il se passer beaucoup plus de choses que prévu. Peut-être était-ce le début d'une grande histoire.

25

# Un gâchis

*Vendanges 96*

Dans les deux mois qui suivirent ma victoire en art oratoire, je quittai la société où je m'étais inscrit pour ne pas perdre un ami. Je n'avais jamais eu l'intention d'y rester quatre ans. Je ne pensais pas pourtant la quitter si tôt... À ce départ prématuré il y a deux raisons.

La première, c'est que j'en avais assez de leurs activités. Après le concours, nous avons étudié une pièce de théâtre pour laquelle il nous fallait répéter en parlant très fort dans la cour. C'était très embarrassant. Je me présentai avec des excuses – « Je ne suis pas là pour m'amuser et je ne me souviens pas d'être entré à la société d'art dramatique » – et je sautais les répétitions. La pièce anglaise me poussa définitivement vers la sortie.

La seconde raison – la principale en fait – est que j'étais occupé ailleurs, dans la branche locale d'une immense association d'étudiants connue surtout par son acronyme français, AIESEC : Association internationale des étudiants de sciences économiques et sociales. Celle-ci organisait des séminaires de développement de carrière et des échanges en internat avec de nombreux pays. J'avais entendu dire que c'était la plus grande organisation étudiante du monde. Ce groupe devint mon principal centre d'intérêt ce semestre-là, et plus le grand événement estival que nous préparions approchait, plus je fus débordé. Au point de quitter la Société de rhétorique anglaise.

Les membres de l'AIESEC préparaient cette manifestation depuis près d'un an. Organisée à grande échelle, elle coûtait des millions de yen (c'est-à-dire des milliers de francs). Lorsqu'il s'agit d'une association étudiante, l'argent ne pousse pas sur les arbres ; il faut donc se débrouiller pour trouver des fonds.

Le premier pas consistait à joindre une entreprise par téléphone, à donner les grandes lignes du projet et à solliciter un rendez-vous. C'est généralement à ce moment-là qu'on nous raccrochait au nez mais, si nous avions la chance de décrocher un entretien, nous mettions notre plus beau costume, nous préparions nos cartes de visite et nous nous mettions en route. Si l'entreprise faisait montre d'un peu d'intérêt à l'égard de notre association, du but de l'opération *Vendanges 96* et de son programme, nous abordions le problème du soutien financier. Quelques personnes nous critiquaient en prétendant que l'heure était pour nous aux études et non aux affaires, pourtant ce travail de recherche de fonds, appelé « relations corporatives », avait beaucoup de charme à mes yeux.

Il est difficile de résumer l'opération en un mot. Nous proposions une série de séminaires sur le thème « Le projet de vie » – réfléchir à ce que nous voulions faire de notre vie – avec les relations d'affaires comme point de départ. Nous invitions des étudiants des autres continents, principalement d'autres pays d'Asie. Nous louions des chambres au Centre olympique de Yoyogi pour une semaine. Pendant la journée, nous discutions des relations d'affaires dans les différents pays, tout en allant sur le terrain afin d'observer la façon dont les choses se passaient au Japon. Le soir, nous nous retrouvions pour faire la fête. Nous étions des étudiants après tout. C'était l'heure de grands banquets internationaux – disons des bringues –, où l'on servait de la nourriture et des boissons de tous les pays. Nous dormions environ trois ou quatre heures par nuit.

Je vécus une grande fête, mon meilleur souvenir de l'été. Plus tard, par mes activités à l'AIESEC, je me rendis compte que j'avais gagné énormément. Le thème de *Vendanges 96* – le projet de vie – m'avait interpellé.

À la fin de l'été, je me mis à penser très sérieusement à mon avenir.

*Un virage à prendre*

Une longue nuit d'automne où je ne dormais pas, mes pensées suivirent un cours un peu sinueux. Qu'allais-je faire de ma vie ? Cette question menait directement à une autre : « Quelle sorte de personne est-ce que je veux être ? » Puis à celle qui en découlait : « Qu'est-ce qui est le plus important pour toi ? » Je me rendis compte alors de quelque chose d'essentiel.

En repensant au passé récent, je m'aperçus que mes priorités étaient toujours de nature matérielle : argent, statut social, prestige. Au collège puis au lycée, j'avais voulu devenir avocat non pour aider les gens dans le besoin mais parce que cette profession avait une bonne image et rapportait bien. Je dois également admettre que c'était l'aspect affairiste de l'AIESEC qui m'avait d'abord attiré, bien plus que la promotion d'un dialogue entre les étudiants de différentes nationalités. C'est triste à dire, je crois que j'étais beaucoup plus intéressé par l'idée de me faire un nom dans les affaires que par l'envie de comprendre les autres cultures.

Aussi, quand je me rendis compte de mes propres valeurs, je sus que ce n'était pas du tout de cette façon que j'avais envie de vivre. Quelle que soit la fortune accumulée, elle n'a plus de sens quand on n'est plus de ce monde. Quelle utilité du reste d'être connu ou d'avoir un bon statut social si personne ne peut vous supporter ? En d'autres termes, l'argent et le prestige ne font rien au bonheur.

Qu'est-ce qui avait donc de l'importance pour moi ? C'était facile : faire quelque chose pour les autres, pour la société. Vivre dans l'attention à l'autre. Comprendre et être compris par autant de personnes que possible. Toutes choses difficiles, mais je sentis que si je pouvais les accomplir, j'aurais le sentiment et la fierté d'avoir vécu pleinement. Quels que soient les buts que je me fixerais, il y avait un point pour lequel je n'accepterais jamais aucun compromis : l'estime de soi.

Eh bien, où était donc cette personne qu'il me fallait estimer ? Je n'étais pas en train de contempler le Sens de la Vie, mais bien de me demander qui j'étais. Un mot me vint immédiatement à l'esprit : « handicapé ». Pour les autres, c'est une évidence. Pour moi, c'était une idée toute nouvelle. Jusque-là, je ne m'étais jamais identifié comme tel.

J'imaginais que, plus tard, je pourrais prendre soin de moi jusqu'à un certain point. Quand quelque chose me serait inaccessible, mes parents et mes amis me tendraient la main – de façon naturelle, non comme une faveur, juste comme une évidence. Je n'avais jamais été malmené et je ne me souviens pas d'avoir été limité par mon handicap. Cela ne veut pas dire toutefois que j'ai le sentiment d'avoir des bras et des jambes et d'être exactement semblable aux autres. Mais je n'ai jamais eu besoin de me considérer comme un handicapé – et n'en ai jamais eu l'occasion.

Alors que j'étais en CM2, notre médecin généraliste dit un jour à ma mère : « Quand un enfant ainsi dépourvu de membres atteint l'âge de quatre ou cinq ans, il devient conscient de son handicap et pose de nombreuses questions : "Pourquoi est-ce que je n'ai pas de bras, de jambes ?" Mais je n'entends rien de cette sorte chez Hiro ! »

Ma mère se sentit très gênée, comme si le médecin sous-entendait que j'étais un peu attardé. Cela étant, c'est vrai, je ne me souviens pas avoir jamais posé la moindre question ou avoir eu le moindre doute sur moi. J'ai vécu ma vie non comme une « personne handicapée » mais comme une « personne », un individu.

En revanche, pendant cette fameuse nuit d'automne, je me posai une autre question : « Pourquoi suis-je handicapé ? » Pourquoi suis-je né avec un handicap physique majeur, quand la plupart des gens sont d'une robuste constitution ? Cela a sûrement un sens.

S'il y a des choses qu'un handicapé ne peut faire, il y a aussi des choses que *seul* un handicapé peut faire. S'occuper du bien-être des handicapés par exemple. Il est important que les politiciens et les bureaucrates s'occupent de l'amélioration de ces conditions de vie pour des raisons politiques. Mais un bien meilleur moyen d'atteindre les gens, c'est de confier à un usagé de fauteuil roulant le soin d'attirer l'attention sur chaque pas qu'il faut faire et de dire : « Pour nous, ce pas-là n'est pas simplement un pas : c'est un mur. » Je pourrais donner de nombreux exemples, mais c'était de plus en plus clair dans mon esprit : il y a quelque chose que *seuls* les handicapés ont le pouvoir de faire. Je commençai à penser que j'étais né avec ce corps-là afin d'accomplir ce quelque chose-là, quoi que ce fût.

Je me dis ensuite : « Qu'est-ce que je suis en train de faire ? » Si j'étais né pour faire vraiment quelque chose de particulier, j'étais tranquillement en train de gâcher ma vie. Je ne tirais pas le meilleur parti de mon handicap, je laissais mon potentiel se gâcher. Avoir simplement un handicap n'était pas suffisant : ce genre de démarche conduirait à un goût du privilège déplacé. Qu'est-ce que moi, Hirotada Ototake, avec mon handicap, je pouvais faire ? J'allai plus loin. Qu'est-ce que *moi seul*, Hirotada Ototake, je pouvais faire ? Si je trouvais la réponse à cette question, et si je la mettais en œuvre, je trouverais la réponse à l'éternelle question : « Qu'est-ce que je veux faire dans la vie ? »

Quand je parvins à cette conclusion, il était deux heures du matin. Je restai encore éveillé un bon moment, trop excité pour dormir. Je ne m'étais jamais senti aussi heureux d'être en vie.

Ma vie commença à changer. Elle se rassembla comme une lame de fond dans l'océan. 13 novembre 1996 : une nuit que je ne suis pas près d'oublier.

# 26

# La campagne de la communauté de Waseda

*La rencontre de la chance*

Dès que la lame de fond se soulève, plus rien ne peut l'arrêter. Le lendemain de cette mémorable nuit, elle devait me submerger. La coïncidence était si parfaite qu'elle semblait providentielle.

Un peu fatigué, je dormis plus que de coutume. Je me rendais à mon premier cours en luttant contre le sommeil quand une voix m'appela. Je cherchai des yeux à qui elle appartenait et reconnus Yokouchi-*san*, que j'avais rencontré deux mois auparavant. Le trouver ainsi sur ma route était vraiment incroyable.

Yokouchi-*san* avait accueilli chaleureusement le groupe de l'AIESEC quand nous avions frappé à sa porte. Il travaillait dans une entreprise nommée Tokyo Colony – en fait, il s'agissait d'une association à but non lucratif, mais nous n'avions pas bien fait notre travail de préparation et n'avions découvert cette information que sur le terrain. Elle offrait du travail dans l'imprimerie ou l'informatique à des gens très sérieusement handicapés qui, malgré leur désir et leur bonne volonté, ne pouvaient trouver d'embauche auprès d'entreprises ordinaires. Yokouchi-*san* avait pris le temps de nous faire les honneurs des bureaux et de tout nous montrer. Il m'avait laissé une très forte impression.

Et voilà que je le rencontrais à nouveau. Sur le campus de Waseda. Les circonstances qui l'avaient amené là étaient les suivantes.

La municipalité de Tokyo avait annoncé un peu plus tôt qu'à partir de décembre elle imposerait aux entreprises une taxe pour le ramassage de leurs ordures. Les commerçants de Waseda s'alarmèrent. Ils se regroupèrent pour lancer une campagne de recyclage avant d'organiser un événement auquel on donna le nom de Festival écoestival de Waseda.

Ils trouvèrent quelques appuis solides. La mairie promit son soutien, et l'université de Waseda prêta l'esplanade située devant l'auditorium d'Okuma. Les plans prirent vite forme. Comme il aurait été embarrassant qu'un festival « écologique » laisse derrière lui des montagnes de bouteilles, on fit venir des bennes de recyclage pour les canettes et autres contenants, dans le but de n'avoir aucun déchet ce jour-là. Le résultat fut colossal. Malgré le mauvais temps et une maigre vente de bouteilles – deux cents canettes de bière et de soda –, on collecta mille trois cents bouteilles vides, sans compter les cent trente bouteilles en plastique qui sont d'habitude jetées dans la poubelle des ordures à brûler. Cet effort pour « zéro ordure », initiative totalement inédite au Japon, fit la une des médias nationaux. Le festival pouvait se targuer d'un beau succès pour une première édition.

Pourtant, l'un des dirigeants de l'université se moqua : « Qu'est-ce que ce succès à l'emporte-pièce : zéro ordure au beau milieu de l'été, quand il n'y a pas un étudiant sur le campus ! » Les organisateurs décidèrent donc de recommencer quand la fac serait pleine de monde. C'est ainsi qu'ils travaillèrent à une opération « zéro ordure au premier trimestre » qui étudierait le volume et la composition des ordures d'une journée normale à l'université.

Yokouchi-*san*, qui avait collaboré à la campagne pendant son temps libre, venait donner un coup de main.

### *D'autres rencontres*

Yokouchi-*san* me présenta l'homme qui l'accompagnait : Kitani-*san*, le directeur du service sanitaire régional. Autre supporter de la campagne, il m'en apprit un peu plus.

« Pendant les quelques mois où nous avons travaillé au recyclage, nous avons appris que ce n'était pas le seul problème auquel le district de Waseda doit faire face. Il faut aussi s'occuper de la prévention des sinistres, de l'éducation de la communauté urbaine, etc., et tout se rejoint et se combine. On n'ira pas loin tant qu'on ne s'attaquera pas à tous les problèmes en même temps. Nous sommes donc en train de préparer une campagne concernant l'habitat urbain. L'une des actions dans lesquelles nous voudrions nous engager maintenant s'appelle l'"effort d'accès libre", permettant d'améliorer l'accessibilité des lieux aux personnes âgées ou handicapées. Mais c'est un domaine où nous ne pouvons rien faire si nous ne tenons pas compte du point de vue des personnes concernées. »

Kitani-*san* ajouta ce qui, pour moi ce jour-là, sonna comme la plus étrange des prémonitions : « Nous aurions vraiment besoin de votre aide. Accepteriez-vous de nous rejoindre ? » Je ne pouvais en croire mes oreilles. La nuit précédente, je voulais tirer le meilleur parti de mon handicap, et sept heures après je recevais la chance de le faire. Que se passait-il ? Les esprits étaient-ils de la partie ? Même si je n'adhère à aucune religion en particulier, je n'étais pas loin de croire en un esprit supérieur.

Je répondis dans la seconde : « Je ferai ce que je pourrai. » Mais que pourrais-je ? Qui avait jamais entendu parler de l'« accès libre » avant ce jour ? Je n'étais pas du tout sûr d'arriver à convaincre. Pourtant, il n'était pas question de laisser passer cette chance qui me tombait du ciel. Le deuxième acte de ma vie d'étudiant de fac – de ma *vie* tout simplement – commençait.

*RENET*

Le groupe communautaire de Waseda attira nombre de sommités, qui se joignirent aux commerçants et entrepreneurs locaux. Kitani-*san* et Yokouchi-*san* furent de ceux-là, avec des gens issus de tous horizons – dirigeants, hommes d'affaires, enseignants, étudiants, médias.

Notre mailing s'appelait RENET (raccourci pour *net recyclage* en langue anglaise). Pour ma troisième rencontre avec les ordinateurs, j'organisai des événements et échangeai des idées par Internet. Grâce à l'*e-mail*, des personnes très sollicitées du fait de leur position pouvaient rester en contact les unes avec les autres de Londres à New York ou Vancouver, quelle que soit l'heure où l'on avait besoin de leur poser une question particulière.

Internet est l'outil le plus puissant que j'aie jamais vu. Malgré mon handicap, j'ai la chance de sortir de chez moi et de me balader où je veux et quand je veux. Mais certains handicapés, pour des raisons physiques ou psychologiques, n'ont pas cette chance. L'ordinateur sera pour eux un outil d'autant plus précieux. En rendant possible la course autour du monde tout en restant chez soi, le Web fait entrer dans une ère nouvelle ceux qui ne peuvent se déplacer physiquement.

Une fois connecté avec mes nouveaux amis, j'étais prêt à surfer sur une mer infinie.

# 27

# Le Festival éco-estival ♪♫

*Un écho de Robert Kennedy*

Après avoir monté le premier Festival éco-estival et avoir fait un succès de la campagne « zéro ordure du premier trimestre », le groupe s'attaqua à la Campagne pour la communauté vivant à Waseda.

Le plus simple moyen de décrire celle-ci est encore d'indiquer quelles en furent les commissions. Elles sont au nombre de six. *Recyclage* avait pour propos de mettre en place un système unique à Waseda, utilisant la technique des lames coupantes et d'autres idées originales de cette sorte. *Accès libre* cherchait à repousser les barrières des rues, du campus de l'université et du cœur des gens. *Préparation aux tremblements de terre* préparait des plans d'évacuation et de protection pour prévenir les sinistres sous le slogan « Protégeons nous-même notre communauté urbaine ». *Information* travaillait à l'expansion et au développement de l'accès à Internet comme ligne de vie de nos activités. *Éducation communautaire* organisait des événements pour promouvoir nos actions auprès du voisinage afin que les gens en aient connaissance et en soient fiers. Quant à *Entreprise locale*, cette commission cherchait à réveiller les petits entrepreneurs locaux et l'association des commerçants, dans le but de « recycler pour le plaisir et le profit ».

Le premier festival n'avait qu'un seul thème : le recyclage. Lors de la deuxième édition, chaque commission conçut son propre stand. Le lever de rideau fut un concert donné par la fanfare du lycée Jitsugyo de Waseda. Puis nous participâmes à une table ronde sur les possibilités de construire une communauté d'avenir. Sur l'esplanade de l'auditorium, un simulateur de tremblement de terre placé sur une remorque donna aux gens une idée du frisson d'enfer qu'ils éprouveraient lors de la « grande secousse », et les pompiers locaux firent des démonstrations de sauvetage. Très excités, les plus jeunes partirent à la découverte de nouveaux mondes sous la tente d'Internet tandis que les chasseurs de bonnes affaires se pressaient au marché aux puces sous un soleil rayonnant. Dans les « tours de fauteuil roulant pour enfants » organisés par Yokouchi-*san* et moi-même, les gamins faisaient le tour du quartier dans un fauteuil roulant pour revenir les yeux écarquillés d'étonnement à toutes les difficultés qu'ils avaient rencontrées.

Le grand final dans la fraîcheur du soir fut un concert hors du campus de l'orchestre symphonique de Shinjuku. Lors de la réunion de préparation, certains avaient douté de l'opportunité de ce genre de prestation dans une manifestation écologique, mais Yasui-*san*, qui présidait l'association des commerçants et toute la campagne, y répondit de manière inoubliable : « Quand il était enfant, Robert Kennedy avait prononcé un discours remarqué à l'auditorium d'Okuma lors d'une visite au Japon. C'était au temps des manifestations contre l'"impérialisme américain", et Kennedy quitta la salle sous les huées des étudiants qui chantaient "*US go home* ! Rentre chez toi !" » Le jeune Yasui, qui s'attendait à ces problèmes, fut le témoin d'une scène qu'il n'oubliera plus. Attrapant un micro, Kennedy annonça que, lui aussi, connaissait une chanson et il entonna un chant connu de presque tous les Japonais : l'hymne de l'université de Waseda, *Miyako no Seihoku*. Curieusement, les étudiants qui le conspuaient un instant avant se joignirent à lui. Tout l'amphithéâtre chantait. Yasui-*san* se souvient en avoir eu la chair de poule. La musique, dit-il, s'élève au-dessus des idéologies, des croyances et des philosophies pour rassembler les cœurs. Si les jeunes assistaient à un concert et ressentaient un peu de ce frisson-là, nous serions déjà une communauté plus unie. Tel était son espoir.

Quand les accords de l'orchestre symphonique s'élevèrent dans la nuit étoilée, il est vrai que ses harmonies trouvèrent un écho dans le cœur des hommes.

## *Une proposition*

Mon propre engagement dans le Festival éco-estival commença avec la deuxième édition. On me confia un grand nombre de tâches. Il fallait fournir une nuée de prospecteurs pour distribuer le journal quotidien du festival au millier de foyers du coin. Organiser les tours de fauteuil roulant pour les gamins, opération que nous voulions mettre en place parce que les enfants sont les citoyens de demain, futurs responsables de leur environnement, et que nous savions qu'il faudrait du temps avant d'obtenir l'accès libre. Rédiger le discours de clôture du Forum de l'écologie après un débat animé entre de très distingués intervenants. Mais mon plus gros travail fut la présentation d'un projet pour l'accès libre au campus universitaire.

Waseda voulait devenir une « université ouverte », mais les handicapés devaient y affronter de très nombreux obstacles. L'auditorium d'Okuma, emblématique de la faculté, n'était même pas accessible aux fauteuils roulants. Quant aux bâtiments pourvus d'ascenseurs et de toilettes accessibles, ils pouvaient se compter sur les doigts d'une seule main. La réalité était navrante : il faudrait encore faire beaucoup de chemin avant qu'une vie confortable soit envisageable pour les handicapés.

Nous décidâmes de présenter lors de la cérémonie d'ouverture une proposition à l'attention de l'université pour faciliter l'accessibilité des locaux universitaires aux handicapés. Et cette tâche me fut confiée puisque j'étais responsable de la campagne pour l'accès libre. Voici donc le discours que je prononçai :

*Nous, représentants de la Campagne pour la communauté vivant à Waseda, faisons partie d'un groupe qui œuvre à une vie communautaire agréable dans les relations tant avec l'environnement qu'avec les partenaires sociaux au sein de la circonscription de Waseda. Cette initiative vit le jour à la suite de la campagne pour zéro ordures. Ceux qui s'y étaient engagés ont été invités à élargir leur vision des choses pour embrasser l'avenir de la communauté et considérer celle-ci dans son ensemble. S'y sont impliqués des gens de tous les horizons qui aiment la région de Waseda et s'intéressent à son avenir, qu'ils soient résidants locaux, propriétaires de magasins, universitaires, entrepreneurs et hommes d'affaires, employés municipaux ou étudiants.*

*Le terme « libre d'accès » s'est récemment généralisé. C'est le concept clé pour faire de notre communauté une société ouverte et nous croyons que c'est là un des buts les plus importants à atteindre. Or, nous constatons un réel manque de sollicitude de l'université de Waseda à l'égard des personnes handicapées. Sur le campus historique, nombre de bâtiments ne sont pas accessibles à un fauteuil roulant. Pour des étudiants limités dans leur mobilité, ou qui ne peuvent quitter leur fauteuil, ces bâtiments forment un obstacle infranchissable.*

*Comme vous l'avez dit, l'université de Waseda a pour idéal d'être une « université ouverte ». Une université ouverte ne devrait-elle pas offrir un environnement permettant aux étudiants handicapés d'avoir l'accès libre à la connaissance ?*

*Il faudra du temps et de l'argent sans doute pour repousser les barrières d'aujourd'hui, mais il existe à cela des réponses techniques qui ne sont pas insurmontables. Nous vous invitons à vous joindre à nous pour étudier l'accessibilité de vos locaux ainsi que les problèmes de mise en œuvre que celle-ci peut poser.*

*Si l'université de Waseda s'ouvre réellement aux handicapés, elle sera, n'en doutons pas, un exemple pour les autres institutions et un encouragement pour poursuivre la recherche du libre accès dans toutes les branches de la société. Elle sera alors une source d'immense fierté pour les résidants de ce quartier dont nous faisons partie. Enfin, et pardessus tout, nous croyons que le fondateur de Waseda, Shigenobu Okuma, qui fut mutilé par une bombe terroriste en 1889, aurait voulu que l'université qu'il a fondée soit libre d'accès à tous. Nous vous prions d'avoir la bienveillance de considérer cette proposition favorablement afin que l'université et les résidants locaux puissent, ensemble, construire la communauté de Waseda du* XXI^e^ *siècle.*

La proposition fut adressée au président de l'université, le Dr Okushima, mais comme il se trouvait à l'étranger ce jour-là, c'est le vice-président qui la reçut. J'avais l'estomac noué du fait de l'importance de la foule qui avait les yeux braqués sur moi, mais tout se passa bien. Je fis rire l'assistance par cette plaisanterie : « Mes amis disent : "Si l'université considère cette proposition, tu seras obligé d'aller aux cours." » Ce à quoi le vice-président répondit avec beaucoup d'à-propos : « Nous allons donner une suite positive à cette proposition de façon que Ototake-*san* n'ait aucune excuse pour ne pas venir en cours. »

Ce n'était pas des mots en l'air – ils donnèrent bien une suite. Le nouveau bâtiment terminé au printemps 1998 est accessible aux handicapés, et de nombreux aménagements furent réalisés par ailleurs, notamment des rampes d'accès sur les escaliers. Ces résultats tangibles étaient sans doute dus à la campagne que nous avions menée. Que faire d'autre à présent ?

## 28
## « Il va bien »

*Une séance d'autographes*

Quand je m'engageai dans cette campagne de Waseda, on parla de mes activités dans la presse et à la télévision : six mois plus tard, on me sollicitait de tous les coins du pays pour des interventions, surtout dans les écoles primaires et les collèges. Je m'efforçai d'en faire tenir le plus possible dans mon emploi du temps car je considérais que je me devais de les accepter. Il me fallut du temps pour m'y habituer et je n'étais pas toujours préparé à ce qui s'y passait.

À titre d'exemple, on me demanda de donner une conférence qui tombait le lendemain de mes examens du premier trimestre. Cela semblait un peu acrobatique pour moi, mais l'invitation venait du collège de Shizuoka. Je me persuadai de la nécessité de m'y rendre sous le brillant prétexte qu'un collège de cette sorte devait être plein de filles. La conférence était en fait ouverte au public, et le premier rang était occupé par quelques filles, certes, mais plus mûres que je ne m'y attendais.

Après une intervention sans anicroche, je m'apprêtais à partir quand une voix féminine cria : « *Sensei !* » Pensant qu'elle s'adressait au professeur qui m'avait invité, je me retournai pour le chercher des yeux. Personne. Ce n'était tout de même pas *moi* qu'elle appelait ainsi ? J'étais encore en train de me demander si je devais lui répondre quand elle me tendit un cahier ouvert et me demanda un autographe.

Je protestai, en vain. Elle précisa : « Cela serait super si vous vouliez bien écrire votre nom et la date. » Que faire ? J'écrivis avec application « Hirotada Ototake, 15 juillet 1997 », puis relevai la tête pour vérifier que c'était bien ce qu'elle voulait – et me figeai. Une douzaine de personnes attendaient en file indienne dans son dos !

Je supposai qu'elles voulaient me voir écrire avec le stylo bloqué entre le bras et la joue car – n'étant ni une vedette de la pop ni une célébrité télévisuelle – je n'avais jamais imaginé que je serais amené à me soumettre à une séance d'autographes.

Quand je donne des conférences, c'est le contact avec les enfants qui me plaît le plus. Après leur avoir parlé de tout pendant une période allant de trente minutes à une heure, je réponds à leurs questions. Elles m'étonnent toujours, quand elles ne me font pas rire. Ils ont un point de vue très intéressant sur la question – légèrement désinvolte.

Dans une école primaire de Tokyo, un garçon leva la main : « Vous portez des lunettes, Ototake-*san*. Comment faites-vous pour les enlever ? » C'était inédit, mais je me prêtai au jeu et fis une démonstration, les prenant entre mes bras pour les remettre ensuite sur le bout de mon nez. Il y eut des exclamations admiratives. « Ouah ! » « *Cool !* » Pendant que je me demandais intérieurement en quoi le fait d'enlever et de mettre des lunettes pouvait être *cool*, une autre voix s'éleva : « Ce qu'il est beau ! » Ah, ah ! Cette fois-ci, c'est *moi* qui étais *cool*. Et même transporté de joie, au point qu'au déjeuner je donnai ma part de dessert au généreux auteur de ce compliment. Pour un si jeune enfant, il avait de la graine de diplomate.

Dans un collège de la banlieue de Tokyo, trop de questions fusaient pour le temps imparti : impossible de répondre à toutes. Le professeur commença à ranger ses affaires sur une ultime invite : « Nous avons juste le temps d'une dernière question. Qui a le mot de la fin ? » Un garçon leva le doigt.

Le professeur lui demanda : « Oui, Iwasaki ?

— Euh…

— Vas-y, quelle est la question que tu meurs d'envie de poser à Ototake-*san* ?

— Quel est votre présentateur télé préféré ? »

Le micro fut pris d'un curieux tremblement dans la main du professeur.

*Retour en arrière*

M'exprimer en public est devenu mon activité principale. Il m'arrive d'avoir jusqu'à dix engagements par mois. Quand on me dit : « Cela doit être difficile de caler vos interventions entre les cours », je réponds que ce sont les cours que je cale entre mes interventions. Pas commode dans ces conditions de trouver le temps d'une balade ou d'un moment convivial entre amis.

Quand la coupe déborde, comme c'est parfois le cas, le souvenir d'un incident qui eut lieu lors de ma toute première conférence me rappelle à l'ordre et me motive pour continuer ma route.

Au sein de la Campagne pour la communauté vivant à Waseda, nous engagions une série de projets liés à l'environnement, et nous avons très vite pris conscience qu'il était capital de sensibiliser les plus jeunes à cette cause. Nous avons donc élaboré un programme pédagogique ciblé pour parents et enfants, destiné à promouvoir le message du recyclage, de la préparation aux tremblements de terre et de l'accès libre. Tous devaient comprendre l'enjeu, y compris les plus petits.

Kitani-*san* et les autres voulaient que je sois le porte-parole de la campagne sur l'accès libre. Parler en public ne m'intimidait pas un seul instant, mais le sujet m'était inconnu. Cela faisait tout juste un mois que j'avais entendu le terme pour la première fois et, bien mieux, que je me considérais moi-même comme un handicapé. Qu'espéraient-ils donc de moi ?

Kitani-*san* n'aurait pas pris en compte un refus. « Pense à ton expérience. Cela sera bien plus utile que tout ce que tu peux savoir sur le projet d'accès libre. Tu vis avec ton handicap depuis vingt ans. Raconte-leur simplement à quoi ressemble ta vie de tous les jours, de ton propre point de vue et avec tes mots. C'est ce qui ira droit au cœur des enfants, tu verras. »

Gymnase d'une école primaire près de Waseda, décembre 1996. Ce sont mes premiers pas de conférencier, bien que je ne sois qu'un intervenant parmi d'autres. Mon point fort étant ma capacité à voir les choses de la vie à la même échelle que les enfants, je décidai de ne pas frimer et de m'exprimer dans mon langage habituel. Je leur racontai la vie quotidienne dans un fauteuil roulant parce que j'imaginais qu'ils n'en avaient pas la moindre idée. Et je leur expliquai que les personnes utilisant ce genre de machine sont des gens comme eux, que chacun de nous, handicapé ou non, possède sa propre valeur.

Le retour fut plus fort que ce à quoi je m'attendais. Même les parents écoutèrent avec une attention soutenue. Notre hôte, Yasui-*san*, résuma ainsi mes dires : « Ototake-*san* a dit : "Il y a quelque chose que je suis seul à pouvoir faire." J'espère que chacun des jeunes enfants ici va emporter ces mots dans son cœur et réfléchir à leur sens. Que chacun pense : "Si c'est vrai pour lui, c'est vrai pour moi. Il y a quelque chose que moi seul suis en mesure de faire." »

Un mois après, je rentrais chez moi dans mon

engin après les cours à l'université. D'une autre direction surgirent cinq ou six gamins, des CP ou CE1 si j'en juge par leur apparence, qui rentraient également de l'école. Quand ils m'aperçurent, ils hurlèrent : « Qu'est-ce que c'est que ce truc ? » Il n'y avait pas lieu de s'alarmer outre mesure. J'avais l'habitude de ce genre de réaction, cela arrivait constamment. Je les laissais passer tranquillement quand le garçon qui fermait la marche dit, à ma grande surprise : « Il va bien. »

Avais-je bien entendu ? Je me retournai et le regardai. Les autres gamins de la bande avaient l'air de se demander : « Qu'est-ce qui lui arrive ? » J'eus l'impression qu'il voulait ajouter quelque chose, mais il était petit. Il murmura de nouveau : « Il va bien. »

Je pense qu'il essayait d'exprimer quelque chose du genre : « Qui se préoccupe d'un homme en fauteuil roulant que nous n'avions jamais vu auparavant ? Il est humain, tout comme nous. » Honnêtement, j'étais étonné. J'ai l'habitude d'être le point de mire des enfants et d'entendre toutes sortes de réflexions de leur part. Mais c'était la première fois que j'entendais dire : « Il va bien. »

Sans doute avait-il assisté au programme sur l'environnement. Mon intervention d'une quinzaine de minutes avait-elle suffi dans ce cas-là à faire la différence pour qu'il porte un autre regard sur les « handicapés » ?...

Ces mots d'un enfant de moins de dix ans ont été à l'origine de mon implication dans cette campagne.

## 29

## Entrons dans le XXIe siècle

*Président !*

Une semaine après le Festival éco-estival, je mis mon beau costume bleu marine et me présentai à la porte de la mairie. J'allais demander le soutien de l'arrondissement de Shinjuku pour un symposium prévu en décembre. J'en avais entendu parler plusieurs mois auparavant par Katsumata-*san* de la Campagne pour la communauté de Waseda, lors d'une conversation téléphonique.

Lui-même se déplaçait en fauteuil roulant. Directeur de Tokyo Colony, où travaillait Yokouchi-*san*, il s'occupait également d'une entreprise, Voyages Net, qui organisait des vacances pour les handicapés. Il m'avoua avoir participé trois ans auparavant à la mise en place du Symposium pour un tourisme plus confortable, sur le thème « Que tous puissent aller partout » – première conférence au Japon à s'intéresser au tourisme pour les handicapés et les personnes âgées. Il avait assisté à un échange de points de vue remarquablement constructif devant une audience de près de trois cents personnes, pour la plupart issues du secteur du tourisme.

Depuis lors, des progrès avaient été constatés dans bien des domaines, y compris dans la prise de conscience de l'État de la nécessaire adaptation des transports publics. Il m'expliqua qu'il travaillait avec ses compagnons à un second symposium, qui prendrait en compte le changement intervenu dans l'environnement social et définirait des priorités pour le XXIe siècle.

« Pouvons-nous vous demander de vous joindre à cette commission ? s'enquit alors Katsumata-*san*.

— Moi ? En quoi puis-je vous être utile ? m'étonnai-je.

— Je suis sûr que vous pourrez nous être très utile au contraire.

— Vraiment ?... J'ai déjà beaucoup appris par moi-même. Oui, je veux bien prendre part à cette réflexion.

— Bien. Dans ce cas, j'ai une autre demande à formuler.

— Laquelle ?

— Nous voudrions que vous présidiez la commission.

— Présider la commission ? ! »

Un gars qui n'a pas fêté ses vingt et un ans et ne sait strictement rien du premier symposium devra avoir une bonne dose de courage pour présider une telle commission. J'essayai à plusieurs reprises de refuser. « Mais, ajouta Katsumata-*san*, qui savait se montrer persuasif, le thème est : "Les défis de l'an 2001." Nous voulons nous concentrer sur le XXIe siècle. Voilà pourquoi nous avons besoin d'un talentueux jeune homme comme vous comme porte-parole. »

L'allusion au XXIe siècle emporta mon adhésion. C'était vrai. Je voulais changer la société du siècle à venir et créer une communauté d'accès libre à tous. C'est ainsi que la commission se dota d'un président qui n'y connaissait rien.

## *Pression*

Le titre du Symposium 1997, « De l'accès libre au modèle universel », m'initia à une autre notion, inconnue de moi jusqu'alors : le « modèle universel ». Elle va nettement plus loin dans la démarche car elle est fondée sur l'idée qu'on n'aurait pas besoin de repousser des barrières si celles-ci n'avaient pas existé dès le départ. Cela signifie créer des espaces – pas seulement architecturaux, mais aussi économiques et sociaux – où tout un chacun, avec ou sans handicap, puisse habiter, évoluer, en un mot vivre. Dans cette approche d'un « accès libre à tous », personnes âgées et handicapées n'ont plus à se singulariser car les aménagements spécifiques ne sont plus nécessaires. Elle ne se sentent donc plus dépendantes du reste de la communauté. Tout ce qui concerna le symposium fut pour moi occasion d'apprentissage. J'y gagnai une certaine expérience et aussi des relations nouvelles car j'y rencontrai de nombreuses personnalités.

L'une d'entre elles s'appelait Shinozuka-*san*, président de SPI, la société qui assurait notre secrétariat. Cette entreprise était à l'origine une agence de travail temporaire fournissant des guides accompagnateurs, mais il y avait développé une branche où il organisait des voyages pour les personnes âgées et handicapées. Je fis sa connaissance lors des réunions de la commission et nous ne fûmes pas longs à discuter d'homme à homme en partageant le verre de l'amitié. Il me présenta sa famille, avec laquelle je participai aux vendanges. Comme je lui faisais confiance, je pris la liberté de le considérer comme un grand frère dont je dépendais et qui veillait sur moi.

J'appris de lui un nombre incalculable de choses et observai la façon dont il gérait sa vie, consacrant du temps à sa famille tout en s'acquittant de son travail très scrupuleusement. Le fait même de rencontrer des gens comme lui et d'autres était une raison suffisante pour que je rende grâce à la chance que j'avais de présider la commission.

Savoir, expérience, rencontres. Cela m'aurait amplement suffi, mais le ciel m'envoya aussi un petit supplément : la pression.

Notre plus gros souci était l'argent. Le soutien corporatif sur lequel nous comptions était long à venir. L'heure était à la récession, et peu d'entreprises subventionneraient un événement comme le nôtre. Je m'en fus donc avec Shinozuka-*san* chercher des subsides auprès des uns et des autres, mais nous jouions très serré dans le monde des affaires.

Nous allâmes également démarcher les bureaux gouvernementaux. Les ministères des Transports, de la Santé, du Travail, du Bâtiment et des Travaux publics, de l'Éducation. L'agence de coordination et de gestion des entreprises, le bureau du Premier ministre. Ce fut pour un simple étudiant tel que moi un tourbillon dont je ne tirai pas tout le profit escompté tant j'étais sous pression. Je ne pus que me traîner derrière Shinozuka-*san* en m'armant de courage. Je ressemblais à un zombie. Le tout jeune homme de vingt et un ans que j'étais ne pouvait faire mieux.

J'étais connu pour aimer les festivals, mais ce symposium était d'une autre dimension et d'une tout autre nature que ceux que j'avais organisés les années précédentes. Le budget total frisait les quatre millions de yen, soit deux cent quarante mille francs. Nous louions le Centre international des congrès de l'université de Waseda, qui permettait de recevoir cinq cent cinquante personnes. Par ailleurs, nous avions fixé la participation à la modique somme de deux mille yen (soit cent vingt francs), ce qui était une grosse responsabilité en terme de choix budgétaire.

Les voyages nous permettent de rêver, nous rapprochent de la nature et nous offrent de rencontrer de nouvelles têtes ; les voyages donnent du piment à la vie. Quand bien des gens peuvent profiter de cette ouverture – du moment qu'ils en ont les moyens financiers et la disponibilité –, les handicapés et les personnes âgées n'ont pas cette liberté. En effet, peu importe leurs moyens, cette possibilité ne leur est même pas offerte. En tant qu'organisateurs soucieux des obstacles rencontrés par les gens physiquement diminués pour voyager, nous nous devions de donner le plus d'impact possible à notre initiative.

Savoir que je présidais un événement de cette importance faisait peser sur mes épaules un poids énorme.

*C'est terminé…*

« De l'accès libre au modèle universel 1997 » eut lieu le 14 décembre. L'animateur des débats était un auteur populaire de dramatiques pour la télévision, Toshio Kamata. Je suggérai son nom car, bien qu'il n'eût pas de lien avec les services de santé publique, je ne voulais pas que cet événement prenne la forme d'une réunion administrative traditionnelle dans un service social. Je voulais un animateur qui sache capter l'attention d'un public pas forcément motivé et lui donne envie d'en savoir plus. C'est ainsi que nous invitâmes Kamata-*san*, qui exerçait une influence très importante sur les gens de ma génération. L'autre clou de la fête était un concert doublé en langue des signes pour les malentendants par Shigeki Torizuka, ancien chanteur du groupe pop des années soixante Les Sauvages, et sa famille. Les Torizuka, qui font beaucoup pour les handicapés et organisent des concerts de ce style dans tout le pays, ont également sorti la première cassette vidéo de musique doublée en langue des signes. Ce fut un très grand concert, suivi par les « entendants » et les malentendants, et tous chantèrent ensemble d'une seule voix. Nombreux furent ceux qui avouèrent par la suite que c'était l'événement qui les avait le plus émus depuis longtemps.

La première partie du programme ayant rompu la glace, nous nous divisâmes en ateliers dans l'après-midi. Des débats très sérieux sur l'aménagement des transports, les systèmes d'assurance, les moyens d'information et les services offerts eurent lieu, et les participants se promirent de continuer cette réflexion dans les différentes régions du pays. Ces forums laissèrent des traces : l'intervention d'un de nos conférenciers, un moine bouddhiste, fut largement couverte par un éminent journal national.

Cette longue journée atteignit son apogée et je montai sur l'estrade pour prononcer le discours de clôture en tant que président de la commission d'organisation.

« ... »

Aucun son ne sortait de ma bouche. Cela ne m'était jamais arrivé. Quand j'essayai de parler, je sentis une boule dans la gorge. Au lieu de prononcer le discours que j'avais préparé, je dis simplement les choses telles qu'elles me venaient à l'esprit, m'attardant sur chaque mot avant de me réfugier dans les coulisses. Le président avait fermé le ban. Tout était consommé. Peut-être les autres avaient-ils déjà commencé à ranger car tout le monde avait quitté les lieux. Je poussai un immense soupir. C'est alors que j'entendis une porte s'ouvrir et quelqu'un entrer. C'était Shinozuka-*san*.

« Ce fut une bien longue journée pour toi », me dit-il.

À la vue de son sourire, toute la tension contenue sortit d'un coup. Je suppose que j'aurais dû lui rendre la politesse en lui répondant « Pour toi aussi ». Au lieu de cela, j'éclatai en sanglots.

« C'est terminé... C'est terminé, Shinozuka-*san*.

— Tu as fait du bon travail. Du très bon travail. »

Je continuai de hoqueter comme un gosse pendant un long moment.

Le symposium m'apprit beaucoup. En rencontrant les intervenants et tous ceux qui s'étaient engagés dans cette aventure, je fus surpris et inspiré de découvrir le nombre important de personnes qui travaillent à cette œuvre dans tout le pays, chacun à sa mesure. En même temps, il me semblait qu'une grande partie de cette énergie et de cet enthousiasme allait se perdre. J'avais le sentiment que nos efforts pourraient être deux fois plus efficaces s'ils étaient moins fragmentés.

Les attitudes au sein de notre société sont

vraiment en train de changer. L'heure est venue de nous donner la main pour agir. Si nous ouvrons nos yeux pour aller voir dans le vaste monde ce qui se fait en la matière, et si nous partageons cette information, nous pouvons changer le monde. Pour que le XXIe siècle soit un siècle vraiment libre.

# 30

# Notes de voyage aux États-Unis

*San Francisco, cité de collines et de brume*

Les vacances que je pris en février 1998 furent de celles que je n'oublierai jamais. Je partis loin de chez moi pour un voyage de trois semaines sur la côte ouest des États-Unis. Nous étions cinq copains qui nous étions rencontrés pour la plupart dans la boîte à bachot. Si nous avions déjà voyagé sur le territoire japonais, je n'étais jamais parti sur un autre continent. Pour compliquer un peu les choses, alors que j'avais utilisé un fauteuil mécanique au Japon, je décidai de partir avec le fauteuil électrique tout en sachant que cela pouvait nous apporter quelques désagréments. Ce que serait ce voyage, personne ne pouvait encore le dire…

Dans un premier temps, je ne pus éviter les tracasseries à l'aéroport de San Francisco. En effet, en avion, mon fauteuil doit voyager en bagage dans la soute. C'est délicat car, la batterie étant classée comme matériel dangereux, il faut débrancher les câbles. À l'aéroport de Narita, notre compagnie mit tellement de temps à s'acquitter de cette tâche que nous crûmes ne jamais monter à bord, mais la véritable épreuve nous attendait à l'arrivée du vol. Les employés de Narita et de San Francisco avaient dû s'embrouiller dans leurs explications réciproques, car le personnel au sol nous annonça qu'il ne savait pas comment reconnecter les câbles. Argh ! Nous avons fini par le faire nous-mêmes. Quand nous sommes arrivés à la douane, nous étions de véritables épaves.

Au sortir de l'aéroport, nous nous sommes trouvés propulsés d'un coup dans un autre monde. Ma première impression reste la couleur du ciel : un bleu d'une grande pureté. Nous prîmes le ferry pour aller voir le Golden Gate Bridge, souvent décrit comme le plus beau pont du monde, et la prison d'Al Capone, Alcatraz. Ce fut une merveilleuse journée – ciel limpide, air agréable. La vue du drapeau américain – étoiles et rayures flottant au vent à la poupe du navire – me donna le sentiment d'être vraiment en Amérique.

Après deux ou trois jours de visite des sites, de la ville et de ses magasins, nous nous sommes rendus à Berkeley, dont on dit qu'elle est la ville la plus facile à vivre pour les utilisateurs de fauteuils roulants. On dit aussi que c'est la raison pour laquelle nombre d'étudiants dans cette situation choisissent d'étudier dans son université. Je demandai donc à mes amis de l'inclure dans notre programme.

La fête du campus 1998 battait son plein ce jour-là et toute la place était en effervescence. Stands ingénieux et baraques recouvraient tout le campus – je me fis une joie d'aller de l'une à l'autre. Je fus surpris du nombre d'étudiants sino-américains que l'on rencontre parmi les visages noirs et blancs. Mais je fus plus surpris encore par le nombre de fauteuils roulants. J'ai dû en compter au moins une douzaine dans les quelques heures passées là-bas.

Une chose me sembla singulière cependant. Je commençai de m'en apercevoir en jouant des coudes à travers la foule. Puis cela me sembla évident : personne ne faisait attention à moi. Au Japon, un gars en fauteuil roulant qui se fraye un chemin à travers les gens est immédiatement un objet de curiosité. Là-bas, on ne lui accorde même pas un second coup d'œil. Signe de la banalisation de la présence des fauteuils roulants et des handicapés dans la vie américaine. En fait je pris conscience que, depuis mon arrivée aux États-Unis, mon regard avait rarement croisé celui des passants, à Berkeley comme ailleurs. Voilà qui était assez peu satisfaisant pour un type qui aime être le centre de l'attention. Mais c'est ainsi que cela devrait toujours se passer.

Le lendemain, nous sommes allés voir *Le Fantôme de l'Opéra* pour fêter dignement l'anniversaire d'un des membres de notre petit groupe. Aucun de nous n'ayant jamais fréquenté de théâtre chic au Japon, nous fûmes assez gênés de constater que tout le monde était sur son trente et un. Mon voisin, un gamin de cinq ou six ans, portait un smoking. J'étais quant à moi vêtu d'un pullover – j'ai dû lui donner l'impression d'être un plouc.

On me conduisit bien sûr à l'endroit réservé aux fauteuils roulants. Quelle surprise cependant de constater le mode de tarification. Au Japon, peu importe combien vous avez payé et la situation du siège que vous avez réservé, vous échouez toujours à une place spéciale, généralement dans un coin, en vous chamaillant avec l'ouvreuse. Cela arrive partout : théâtre, concerts, stades. En Amérique, le prix pour les spectateurs en fauteuil roulant est fixé d'avance, ce qui évite toute contestation.

Il y avait deux ou trois personnes installées dans cette partie réservée, aussi éblouissantes que le reste du public. La femme qui se trouvait sur ma droite portait une robe rose avec des paillettes. On aurait dit un feu d'artifice. C'était étonnant. Nous autres handicapés du Japon, nous ferions bien de suivre leur exemple et de nous habiller avec un peu plus de recherche.

### *Las Vegas, cité du désert qui ne dort jamais*

Après cinq jours à San Francisco, nous nous rendîmes à Las Vegas. Si la précédente est la cité de la beauté naturelle, Las Vegas est la perle de la beauté artificielle. Chaque hôtel – et toute la ville pour dire vrai – est un gigantesque parc d'attractions. À côté d'une pyramide est érigé un château médiéval de la vieille Europe ; à deux pas se dresse la statue de la Liberté. En bas de la rue, des pirates se livrent à leurs violences favorites sous un volcan en pleine éruption. Tout est à l'avenant. C'est au point que, sous le choc d'un sublime coucher de soleil, on peut se demander si par hasard il ne serait pas orchestré par l'un des hôtels.

Incroyable, mon fauteuil roulant ne s'accommode pas du tout des luxuriants palaces de Las Vegas. La coupable ? La somptueuse moquette qui recouvre le sol. Mes roues se perdent dans l'épaisseur du tapis et s'enlisent. J'ai l'impression de rouler sur une plage.

L'attraction principale de Las Vegas, ce sont les casinos. J'essayai les machines à sous, mais ce fut peine perdue. Comme l'un des membres de notre groupe n'avait pas l'âge requis pour les autres jeux de hasard, nous nous sommes repliés sur la salle du bingo. Vérifier les numéros au fur et à mesure qu'ils s'affichent sur l'écran lumineux géant est un véritable casse-tête. On se ronge les ongles, mais on n'est pas payé de retour par la machine. Pourtant, même si on perd à ce jeu très stressant, ce n'est pas vraiment une déception : on s'est tellement amusé qu'on en a eu finalement pour son argent.

Le point intéressant est l'âge des autres joueurs : à part nous, presque toutes les personnes présentes dans la salle étaient à l'âge de la retraite.

À portée de fusil de Las Vegas, on trouve des parcs nationaux dans toutes les directions, y compris le très fameux Grand Canyon. Nous décidâmes de louer une voiture pour nous y rendre. Mais l'agence de location ne disposait pas de véhicule équipé d'un monte-charge pour fauteuil roulant. Tous les coups de fil furent vains. Je n'en revenais pas qu'un incident pareil puisse se produire aux États-Unis, pourtant connus pour être le « pays des handicapés ». On me répondit que les personnes dans cette situation possédaient leur propre voiture équipée selon leurs besoins. Finalement, nous avons loué un monospace, enlevé le siège arrière et chargé le fauteuil dans la voiture.

En parcourant les parcs nationaux, nous fîmes l'expérience de la grandeur et de la rudesse de la nature à une échelle qu'on ne connaît pas au Japon. La vallée de la Mort est, dit-on, le lieu le plus chaud du pays et le point le plus bas par rapport au niveau de la mer. Même en hiver, les rayons du soleil diffusent une chaleur intense, de l'ordre de cinquante-deux degrés. Par contraste, à Bryce Canyon, nos oreilles rougirent de froid et les boissons que nous avions oubliées dans la voiture se transformèrent en glaçons. Les faisceaux d'aiguilles de pierre sculptées par le vent et l'eau au cours des âges sont justement nommées les « sculptures de la nature ». Et je n'oublierai jamais les fulgurances de roses du coucher de soleil à Lake Powell.

*Los Angeles, la plus grande cité de la côte ouest*

Parmi les « incontournables » de Los Angeles – Hollywood, les demeures somptueuses de Beverly Hills, les plages immenses de Santa Monica –, c'étaient les studios Universal que j'avais le plus envie de découvrir. Inutile d'être un spécialiste et un fan de cinéma pour être subjugué par ce parc à thèmes où l'on visite les décors des grands classiques, tout aussi classiques au Japon que dans d'autres pays – quand on n'a pas la chance de tomber sur un tournage en cours.

D'abord, on fait en train le tour des studios, qui s'étendent sur des dizaines de kilomètres carrés. Il y a tant d'attractions que c'est difficile de savoir par où commencer. On peut s'immerger dans le monde de E.T. ou de *Retour vers le futur*, admirer la virtuosité de certains de nos héros favoris, voir un brasier s'enflammer sous nos yeux, être poursuivi par King Kong. Tout est spectaculaire, mais le clou est l'aventure que l'on peut vivre sur la rivière de Jurassic Park. Après avoir affronté des légions de dinosaures les yeux dans les yeux, en guise de final le bateau plonge la tête la première dans une cascade !

L'accès aux fauteuils roulants est parfait. Au Japon, on n'aime pas trop se rendre dans ce genre d'endroit si l'on est handicapé et, pour peu que l'on s'y aventure, on abandonne par ennui, mais c'est une autre histoire. Dans les reconstitutions de scènes en direct, il est prévu un emplacement pour les fauteuils roulants au premier rang. Et l'on peut accéder directement aux véhicules de visite en restant sur son fauteuil. Les toilettes sont accessibles aux handicapés, cela va de soi. Inutile de chercher une marche quelque part, il n'y en a pas. En Amérique, l'industrie des loisirs se préoccupe de notre confort. En Amérique seulement.

Ce voyage fut plein d'expériences qu'il serait trop long de vous raconter ici. Pour rien au monde je n'aurais voulu manquer ces trois semaines. Dire que j'ai passé un bon moment serait un peu trop léger. Mes parents semblèrent aussi surpris que moi que je puisse me rendre à l'étranger sans leur assistance : ils en furent très heureux. On me dit que c'était courageux de ma part, mais le courage, ce fut surtout mes amis qui en firent preuve. Pour des étudiants, un voyage outre-mer de trois semaines dans ces conditions semblait un peu hasardeux. Mais ils firent le choix de prendre sous leur aile un trouble-fête potentiel. Je causai en effet quelques tracasseries du fait du fauteuil roulant, sans parler de mon esprit d'indépendance inné, mais ce fut un voyage merveilleux. Merci, les gars. Je suis partant quand vous voulez.

# 31

# Un jour de neige 

*Si tu as un problème, passe-moi un coup de fil*

Voilà maintenant vingt ans que j'utilise un fauteuil roulant. Au bout de tant de temps, on a vécu de nombreux incidents, lui et moi, plus ou moins drôles. En voici quelques-uns.

Nous étions à la boîte à bachot. Comme je l'ai déjà dit, elle se trouvait à Okubo, préfecture de Shinjuku. Okubo est un quartier connu pour son caractère multiethnique. Quand je revenais à la nuit tombée après avoir travaillé tard, l'atmosphère des rues était très différente de la journée. Les bribes des conversations que je surprenais n'étaient plus en japonais mais dans toutes les langues de l'Asie ; on a parfois l'impression que les gens se disputent tant ils parlent fort. Sans compter les immigrées qui sortent la nuit pour héler le passant dans un japonais hasardeux. Elles viennent du monde entier apparemment, et particulièrement d'Asie et d'Amérique du Sud. Elles font leur apparition dans les rues à partir d'une certaine heure, par groupes de deux ou trois.

Un soir d'hiver que je rentrais tard sous une pluie battante, je ne voulus pas utiliser mon parapluie parce que c'était trop de tracas et je me mouillai abondamment. Au bout d'un moment, j'étais tellement frigorifié que c'était insupportable. Je m'arrêtai devant une machine qui débitait des boissons chaudes. Je n'avais pas réfléchi aux mouvements qu'il me faudrait faire. Je ne pouvais pas attraper l'argent dans mon porte-monnaie, ni prendre le gobelet par mes propres moyens. Problème.

C'est à ce moment-là qu'une des filles s'approcha de moi.

« +*$æ ?*&ç. »

C'est à peu près ce que j'entendis. Cela n'avait pas l'air d'être de l'anglais, mais j'essayai de lui dire dans cette langue que j'avais très froid et que je voulais du café. Elle ne comprit pas un mot, comme je m'en doutais. Mais elle devina mon intention en me voyant tout tremblant devant cette machine. Elle prit un peu d'argent dans la poche de son jean et montra du doigt les étiquettes comme pour demander : « Quel café voulez-vous ? » Je fis : « Non, non ! » de la tête. Je ne voulais pas qu'elle me l'offre, alors que j'avais de l'argent sur moi. Elle me regarda, l'air étonné. Elle ne comprenait pas l'anglais, et je n'avais aucun moyen de lui dire : « Prenez mon porte-monnaie dans la poche de mon pantalon et achetez-moi un café. » Je décidai de la laisser faire.

Dans un roulement et un claquement, le gobelet tant attendu surgit de la machine et la jeune femme en fit sauter le couvercle avant de me le tendre. Elle avait pensé à ce détail. J'aurais voulu partager quelques mots avec elle, mais nous ne parlions pas la même langue. Nous restâmes plantés là sans un mot pendant que je buvais. Elle sourit tout le temps. Un gars aux cheveux longs dans un fauteuil roulant et une prostituée étrangère : nous devions faire un fameux couple.

Après cet incident, je la rencontrai de nouveau en rentrant chez moi. Chaque fois, son japonais s'était amélioré. Elle m'apprit qu'elle s'appelait Milena. Un jour, elle me tendit un nombre à dix chiffres griffonné sur un bout de papier, sortit son téléphone portable et me le montra. Elle semblait me dire de l'appeler un de ces jours. Peu de temps après cependant, je remarquai qu'elle n'était plus dans le quartier.

Milena ne fut pas mon seul contact avec les immigrées d'Okubo. Un jour, une Asiatique m'appela alors que je me rendais à l'école. Quand je m'arrêtai et me retournai en me demandant ce qu'elle pouvait bien me vouloir, je la vis fourrager dans son sac, en sortir une liasse de billets de cent yen et me les donner. Je refusai de la tête, mais elle les fourra dans ma poche et disparut en courant. Cela avait été l'affaire de quelques secondes.

J'ai entendu dire qu'un petit nombre des

femmes qui travaillent dans les bars au Japon laissent souvent chez elles un enfant malade ou handicapé, pour le traitement duquel elles viennent gagner de l'argent. C'est sans doute la raison pour laquelle, quand elles voient un handicapé, elles ne veulent pas le laisser en plan.

Une autre histoire. Un jour, j'avais fixé rendez-vous à un ami à la station de métro de Takadanobaba. Non loin de moi se tenait un personnage à l'aspect redoutable, doté d'une coupe de cheveux typique des *yakusa* (les gangsters), le nez chaussé de lunettes noires. Il semblait attendre aussi quelqu'un. Au bout de cinq minutes, mon ami n'arrivant pas, il m'adressa la parole.

« Hé, le gosse. »

— Ou… oui ? » J'avais le cœur battant – allait-il me chercher des noises ?

« Sale coup, hein ?

— Pardon ? » Ce n'était pas du tout ce que j'attendais. Je me calmai.

« Accident ? »

Quand je lui répondis : « Je suis né comme ça », il grogna : « Ah ouais », sur un ton prouvant qu'il était choqué par la nouvelle et compatissait. Il se mit à me parler de son travail.

C'était intéressant et, au fur et à mesure que je discutais avec lui, je perdis mon appréhension. Où donc était passé mon ami, cependant ? Il avait déjà un quart d'heure de retard. Le gars s'inquiétait aussi. « Ton copain n'arrive pas ?

— Non, pas encore.

— C'est moche de faire attendre un bon gars comme toi ».

Au cas où il aurait prévu de dire son fait à mon ami quand celui-ci arriverait, je trouvai une excuse : « Oh non, c'est moi qui suis en avance. »

Peu après, il me dit : « Hé, gamin, je suis navré mais je dois y aller », et il plongea sa main dans la poche de sa veste. Mon cœur s'emballa de nouveau, mais il en sortit simplement une carte de visite. « Si tu as un problème, tu me passes un coup de fil, d'accord ? » Il mit sa carte dans ma poche et s'en alla. Sans doute ces hommes-là, avec leur code d'honneur différent du nôtre, aiment-ils à veiller sur des gens comme moi.

L'histoire ne s'arrête pas là. De retour à la maison, je racontai la rencontre à mes parents, pensant qu'ils allaient être surpris, mais ma mère répondit le plus tranquillement du monde :

« Eh bien, cela tombe sous le sens.

— Comment cela ?

— Quand ce genre d'homme doit mutiler quelqu'un, ça ne va jamais plus loin que le petit doigt. Toi, tu es mutilé de partout. Pas étonnant qu'il te respecte. »

Mon père et moi échangeâmes un drôle de regard.

*Le mieux habillé de tous les handicapés de la ville*

Le stéréotype voulant qu'on ait pitié des handicapés nous colle à la peau, semble-t-il. Les étrangères d'Okubo et le gars spécial de Takadanobaba se sont sans doute montrés gentils parce qu'ils éprouvaient de la compassion. Cela ne veut pas dire qu'il n'y ait pas des handicapés pitoyables, mais certains peuvent aussi avoir un caractère assez désagréable pour qu'on n'ait pas tellement envie de les connaître mieux. Et si j'ai de la pitié pour eux, ce n'est pas à cause de leur handicap. Car, dans ce cas, il s'agit juste d'une coïncidence – c'est ce qu'il y a à l'intérieur de l'homme qui compte.

Je ne dirais pas pour autant que les apparences n'ont pas leur importance. Je fus vraiment surpris aux États-Unis de voir la façon dont les handicapés s'habillaient. Je me souviens d'une personne âgée toute pimpante qui descendait en ville à San Francisco en fauteuil roulant, je me souviens de la femme assise à mes côtés au théâtre dans sa robe à paillettes. Elles avaient de l'allure. Et je me demande comment on peut regarder quelqu'un qui se vêt ainsi et penser : « Oh, la pauvre chose que voilà ! »

Au Japon, très peu de handicapés s'habillent à la mode. Sans doute ne voient-ils pas dans les yeux des autres le reflet de l'effort qu'ils font. Quelle que soit la raison, la différence est bien là. Pour des questions de convenance sans doute, beaucoup d'entre eux portent jour après jour un vêtement quelconque. Si l'on prend deux handicapés, l'un habillé avec élégance et l'autre avec toujours la même parka informe, ils peuvent bien avoir le même handicap et le même style de vie, il y en aura toujours un pour avoir l'air « pitoyable » aux yeux du monde. On me répondra que le vêtement est une affaire de goût individuel. Je souhaite vraiment que les handicapés prennent plus de plaisir à s'habiller, tant pour changer notre image sociale que pour donner un peu de piment à nos vies.

Depuis mon plus jeune âge, je suis très difficile en matière d'habillement. Je n'étais jamais satisfait tant que je ne portais pas mon vêtement favori pour un anniversaire ou une sortie, et je boudais carrément quand ma mère ne pouvait pas le laver à temps.

Au collège, nous avions un uniforme. Celui de Yohga comprenait un blazer dont l'allure était plus difficile à améliorer que la veste classique des autres écoles, proche de la veste de commandant de bord à col haut. Un élément pourtant pouvait permettre une fantaisie : la cravate. En ôtant la doublure de coton, on pouvait rendre le nœud de cravate très mince et sinistre. Ce qui était moche pour des adultes était à la mode pour nous. C'est ainsi que j'enlevai la doublure de ma cravate pour imiter Yatchan, ce qui contraria beaucoup les professeurs.

Je suis toujours une victime de la mode, au point que quand on me demande quels sont mes loisirs préférés, je réponds volontiers : « Aller en ville faire des courses. » Mon magasin favori est *Margaret Howell*. Bien qu'il possède une succursale près de chez moi, je préfère aller à Jingumae. Cet établissement importe des vêtements uniques en leur genre, le magasin est spacieux et n'a pas de marches ; je peux donc traîner dans les rayons sans rencontrer d'obstacle. Et le personnel est très amical.

Il y a une pierre d'achoppement cependant. Toutes ses succursales font leurs soldes deux fois par an en même temps que les examens trimestriels. Inutile de dire où va ma préférence.

15 janvier 1998. C'était la fête des jeunes gens qui deviennent majeurs, fête qui n'avait aucun intérêt pour moi puisque cette cérémonie me concernait l'année précédente. Ma tête était pleine du premier jour des soldes à *Margaret Howell*. Mais il neigeait. On parlait même de chutes records à Tokyo, presque une tempête.

Cela me fit hésiter. J'étais sur le point d'abandonner et de rester à la maison, mais la tentation d'emplettes exceptionnelles était trop grande. Même ma mère était horrifiée. Il faut en effet plaindre mes parents d'avoir mis au monde un garçon aussi stupide.

Un fauteuil électrique contre la neige : la partie est inégale. Les flocons ensevelirent mes roues et m'arrêtèrent net. Je réussis cependant à me rendre jusqu'à l'arrêt de bus, que je vis se profiler à l'horizon avec beaucoup de soulagement, mais le conducteur et les passagers semblèrent quant à eux éprouver un choc lors de mon apparition.

J'arrivai finalement au magasin, près d'une demi-heure après l'ouverture des portes, comme je le craignais. Les soldes avaient commencé et les rayons étaient déjà bondés de clients. L'un des vendeurs sursauta en me voyant. « Je n'aurais jamais cru vous voir par ce temps-là, Ototake-*san.* »

Quand je quittai le magasin avec mes trophées – un pull super pour mon voyage aux États-Unis et une chemise bleue que j'avais déjà repérée –, une autre bataille m'attendait. Cette fois-ci, je fus sérieusement dans l'embarras. J'étais complètement immobilisé dans un froid pénétrant quand un jeune homme bien vêtu passa par-là.

« Avez-vous un problème ? Êtes-vous coincé ?

— Oui. Les roues de devant n'accrochent pas au sol et je ne peux plus bouger.

— Bon, attendez une minute. » Il me tendit sa serviette et sa veste et se mit derrière moi. Puis, en faisant bien attention de ne pas glisser, il poussa le fauteuil de toutes ses forces.

Quand il arriva à la rue principale, où la neige avait déjà beaucoup fondu, il me demanda tout pantelant : « Est-ce que c'est bon maintenant ?

— Oui, vous m'avez donné un sérieux coup de main, merci beaucoup.

— Vous devez avoir quelque chose de *vraiment très* important à faire pour sortir en fauteuil sous une neige pareille, mais tout va bien désormais – ne poussez pas trop la machine. »

J'aurais voulu que le trottoir m'engloutisse.

# 32

# À propos de mon père et de ma mère

*Mon nom, Hirotada*

Maintenant, je vais présenter comme il convient les deux individus qui m'ont élevé, mon père et ma mère.

Mon père se maria à trente-trois ans et je naquis deux ans après. Ce qui en fait un père sensible et digne, n'est-ce pas ? Oh, oh. En bien des points, il est plus gamin que moi. Il boude quand son équipe de base-ball préférée – les Géants de Yomiuri – perd le match. S'il reste du dessert, il veut toujours avoir cette part pour lui. Et il essaie sans succès de fredonner avec les stars de la télévision les derniers succès qu'il ne connaît même pas. Il n'arrête pas de dire : « Je m'assure que tu n'es pas trop gâté, c'est tout. Parce que tu es fils unique, il faut que je sois aussi ton frère. Mais je suis juste un bon père. » Pourtant, je n'ai pas l'impression qu'il joue un rôle.

Son attitude est un plus dans notre relation. Elle n'est pas formelle car il n'a pas le sens de l'autorité : il est plutôt un ami. Nous sortons ensemble quand cela nous prend. Je le rejoins parfois à son bureau après le travail et nous dînons sur le chemin du retour. C'est un père enjoué qui aime bien s'amuser.

Je ne sais pas si cela va de soi du fait de son métier – il est architecte –, mais il s'intéresse beaucoup à l'élégance, à la présentation des choses. C'est lui qui a fait les plans de la maison que nous habitons : mes amis l'admirent toujours la première fois qu'ils viennent.

Quant à sa personne, c'est un dandy. Comme on peut s'y attendre de la part de quelqu'un qui prétend être le « lanceur de modes du quartier ouest de Shinjuku », il est d'une élégance méticuleuse. C'est bien pour son fils d'avoir un père qui n'arrête pas de se pavaner, et je pense que c'est sa redoutable influence qui a fait de moi ce garçon désireux d'être toujours bien mis.

C'est mon père qui m'a appelé Hirotada (洋匡). Il a choisi le glyphe *hiro* (océan), qui signifie « un cœur aussi grand que l'océan Pacifique », et *tada* (droit) pour exprimer « faire connaître au monde ses droits ». Bien plus, le glyphe *tada* (匡) ressemble au glyphe de « pays » (国) qui est constitué du caractère « roi » (王) entouré d'un cadre, mais dans le cas de *tada*, le cadre est ouvert car il n'a pas de côté droit. Pour mon père, *tada* représente un roi qui peut se mouvoir en toute liberté et qui a de nombreuses occasions d'aller et venir.

Et, si mon père ne s'intéresse pas d'habitude aux détails, il mit un soin méticuleux dans le choix de mon prénom. Il recourut pour cela au service d'une multitude de dictionnaires afin de trouver les caractères qui formeraient une combinaison qui porte chance. En effet, dans la numérologie traditionnelle que les Japonais utilisent pour choisir le prénom d'un enfant, c'est le nombre de traits des signes d'écriture qui détermine le caractère plus ou moins heureux des combinaisons. Si l'on en croit les recherches effectuées par mon père dans ce sens, le nombre de bâtons de mon nom signifie que je serai protégé par l'amour de nombreuses personnes.

« Faire connaître au monde ses droits avec un cœur aussi grand que l'océan Pacifique. » Je ne suis pas sûr d'être à la hauteur d'un pareil prénom, mais j'ai déjà été protégé par l'amour de nombreuses personnes. Je suis très fier de mon nom.

*Quelle chance ! Nous irons à Hong Kong !*

Quand j'étais en CP et en CE1, ma mère m'accompagnait à l'école et restait dans le hall toute la journée à m'attendre. Takagi *sensei* me confia que les parents des handicapés sont toujours en train de demander quelque chose mais que ma mère n'était pas du tout comme ça. « Elle me faisait entièrement confiance, cela me facilita beaucoup le travail. »

Bien que *sensei* consultât ma mère avant de bannir l'usage de mon fauteuil roulant, elle ne contesta pas ses décisions en ce qui concernait mon éducation. « À l'école, dit-elle, nous nous reposons sur vous. »

Elle n'interfère d'ailleurs jamais sans de bonnes raisons dans le cours de ma vie. Quand je commençai l'école, *sensei* me confia qu'il était très inquiet de voir les autres enfants se précipiter sur moi pour me poser des questions et me toucher en faisant des yeux ronds comme des soucoupes. Certains d'entre eux trouvaient même très drôle de m'imiter en cachant leurs mains et leurs pieds dans leurs vêtements. Ma mère réagit le plus tranquillement du monde : « C'est un problème qu'il doit résoudre par lui-même. » *Sensei* se souvient d'avoir été abasourdi par son calme alors que son fils était au centre des jeux du cirque, tout en ressentant, me dit-il, un lien de confiance mutuelle très fort entre elle et moi.

Je ne sais pourquoi ma mère choisit d'avoir cette attitude. Peut-être est-ce pour me témoigner sa confiance. Il reste qu'elle ne s'est jamais mêlée de mes affaires. Prenons par exemple ce qui se passa quand j'étais en cinquième.

« Euh, cet été, je voudrais faire un petit déplacement avec un ami à Aomori... » C'était la première fois que je suggérais quelque chose de semblable et je m'attendais à un refus – j'étais sûr qu'elle dirait : « Non, pas seulement avec ton ami, c'est trop risqué » ou peut-être : « Es-tu sûr que tu t'en sortiras sans nous ? » D'où ma stupéfaction à sa réponse : « Oh, c'est une bonne idée. N'oublie pas de nous donner les dates à l'avance.

— Ah oui ? Pourquoi ?

— Parce que, pendant ce temps-là, ton père et moi nous en profiterons pour partir en vacances. »

Et quand vint le mois d'août, après nous avoir dit au revoir et s'être assurés que nous étions bien en route pour Aomori, mes parents prirent l'avion suivant pour Hong Kong. À ce point du récit, je sens que le lecteur se demande s'il s'agit vraiment là de « confiance » et de « lien ». En fait, je pense que cette attitude de leur part fut ce qui pouvait m'arriver de meilleur.

En effet, on a trop tendance à surprotéger les enfants handicapés. Ce ne fut en aucun cas le problème des Ototake : ils saisirent joyeusement l'occasion de profiter de vacances pendant que leur fils voyageait sans eux. Aucun respect pour le handicapé que je suis ! Au contraire, je crois très sérieusement qu'ils eurent dans mon éducation la démarche juste. Je pense que les parents deviennent protecteurs parce qu'ils voient leur enfant comme un « pauvre petit chéri » – mettre l'accent sur « pauvre ». Les enfants de ces parents-là attrapent le pli très vite et développent une vision négative des choses : « Pauvre de moi. Il faut que vous ayez pitié de moi. »

Un enfant élevé par des parents comme les miens grandit de telle façon qu'il n'est même pas en mesure de prendre conscience qu'il est handicapé avant ses vingt ans – quand les autres le savent dès l'âge de quatre ans. En conséquence, je grandis librement sans passer par les habituels doutes et culpabilités des handicapés.

On entend souvent parler du fait qu'il faut « dépasser », « maîtriser » son handicap. De telles expressions ne s'appliquent ni à mes parents ni à moi. Nous ne voyons pas le handicap comme quelque chose de négatif. Enfant, je faisais de mon handicap mon « point fort », mais j'en suis aujourd'hui à me dire que ce n'est rien d'autre qu'un signe physique particulier. Comme gros/maigre, grand/petit, sombre/lumineux. Il n'y a rien d'étrange à disposer/manquer de l'usage de ses membres. Quand on pense à cela de cette façon, on ne trouve plus de raisons de couver quelqu'un pour sa particularité physique.

Ce sont mes parents qui m'ont enseigné ce regard, et je leur suis très reconnaissant de m'avoir donné cette vie-là. Merci, vous deux, pour m'avoir élevé comme ça.

## 33

## Des cœurs libres d'accès

*Chaussures et fauteuils roulants*

Au Japon, on trouve souvent une note près des ascenseurs dans les magasins, les bibliothèques et autres lieux publics : « Interdit aux fauteuils roulants non accompagnés. » Il m'est pourtant possible de faire toute une série de choses : entrer le fauteuil dans l'ascenseur, appuyer sur le bouton de l'étage où je désire me rendre et sortir pareillement. Est-il vraiment nécessaire d'être accompagné ?

Ce genre d'interdiction témoigne de la croyance qu'il est dangereux pour des gens tels que moi de vivre par eux-mêmes. À moins qu'elle sous-entende que les handicapés sont des gens dépendants qu'il faut que la société prenne en charge. Y a-t-il une once de vérité dans cette assertion ? Voilà bien une question fondamentale que nous devons maintenant aborder.

C'est navrant à dire mais, au Japon aujourd'hui, il est vraiment difficile pour des handicapés de se déplacer librement, et ce n'est pas du tout facile pour eux de se débrouiller seuls. Reconnaissons que nous avons grand besoin d'aide. Mais c'est notre environnement qui nous met de force dans cette position d'infériorité. Je crois que, si elles vivaient dans un environnement convenable, les personnes souffrant de déficiences physiques ne seraient pas « handicapées ». Quand – et c'est la plupart du temps le cas au Japon – il n'y a pas d'ascenseurs dans les stations de train et de métro, quand je ne peux monter dans un autobus ou un taxi directement sur mon fauteuil roulant, il m'est difficile, voire impossible, de me rendre d'un point à un autre. Dans ce cas, je suis vraiment « handicapé ».

Supposons maintenant que chaque station possède son ascenseur, que les trains soient prévus pour permettre d'y pénétrer avec un fauteuil roulant – donc qu'il n'y ait ni vide ni différence de hauteur entre le marchepied et la bordure du quai –, que les autobus et les taxis soient équipés d'un monte-charge pour fauteuils, je ne serais pas « handicapé » dans les transports en commun, dont on sait l'importance au Japon.

Les Japonais sautent dans leurs chaussures au moment de quitter leur domicile. Moi, je saute dans mon fauteuil roulant. C'est la seule différence. Et dans la mesure où j'ai besoin de me déplacer par mes propres moyens, il n'y a aucune différence avec le citoyen japonais normal.

C'est l'environnement tel qu'il est conçu aujourd'hui qui fait le handicap. Quand j'en parle aux enfants, je leur dis toujours : « Certains d'entre vous portent des lunettes. C'est parce que votre vision n'est pas parfaite. Je porte un fauteuil roulant parce que mes jambes ne sont pas parfaites. » Éclats de rire. Ils reconnaissent que « c'est la même chose ». Et quand je leur demande s'ils ont pitié des gens qui portent des lunettes, ils ne voient pas pourquoi. Alors que si j'interroge : « Avez-vous pitié des gens qui se déplacent en fauteuil roulant ? », ils me répondent à l'unisson : « Oui. »

« Mais vous venez de me dire que c'est la même chose que de porter des lunettes ! Pourquoi cette réponse ?

— Parce qu'une personne qui a une mauvaise vue peut l'améliorer en portant des lunettes, tandis que même si on a un fauteuil roulant, on ne peut pas améliorer beaucoup de choses. C'est pourquoi il faut avoir pitié d'eux. »

Ils ont mis le doigt dessus. Donc, les conditions qui rendent les handicapés « pitoyables » peuvent être améliorées. Une société dans laquelle chacun pourrait évoluer librement : sans doute est-ce un idéal un peu lointain. Le jour viendra où il sera réalité.

*Se familiariser*

Comment repousser les barrières physiques si contraignantes pour les handicapés ? Il faut repousser, et c'est là le mot clé, les « barrières du cœur ». Après tout, ce sont nous autres, êtres humains, qui créons les transports en commun, les bâtiments, les rues et les campus. Tout dépend de la façon dont nous comprenons et assurons le bien-être des handicapés et des personnes âgées. Mais si nous le voulons, il est en notre pouvoir de créer l'environnement matériel sans barrières, l'« accès libre ».

D'où doit venir cette prise de conscience ? Le fait d'être familiarisé avec le problème compte pour beaucoup. Nombre de Japonais ont rencontré un jour sur leur chemin, dans une station de métro ou de train, un handicapé à qui ils ne savaient pas comment tendre la main. C'est parce que nous sommes de vrais étrangers les uns pour les autres que les gens hésitent et passent leur chemin. Après tout, certains sont déjà mécontents d'eux-mêmes, et c'est pour cette raison qu'ils ne nous adressent pas la parole. Je ne pense pas qu'il leur faille se culpabiliser et battre sa coulpe. On ne rencontre pas tant de handicapés que cela, et ce n'est pas facile de savoir comment aborder des gens avec qui on entretient aussi peu de contacts.

En revanche, les enfants n'ont pas nos barrières mentales. Quand j'arrive dans une école, le premier moment d'excitation passé, l'ambiance se calme et les enfants me regardent avec des yeux en boules de loto. Dès que je leur ai parlé une demi-heure, ils m'appellent Oto pendant le déjeuner ou au cours de nos jeux, et quand je les quitte ils m'adressent un amical : « Salut, reviens nous voir ! » Et s'ils sont d'abord un peu circonspects du fait de mon apparence, ils comprennent rapidement que je suis un jeune homme tout à fait comme les autres. Très vite, ils ne sont plus sur leurs gardes. Parce qu'ils s'adaptent. Ce sont les adultes qui tracent une ligne entre handicapés et valides. Dans le monde des enfants, tout est possible.

C'était vrai quand j'étais à l'école maternelle. Les autres enfants étaient directs : pourquoi ? Mais comme j'étais aussi direct qu'eux et que je leur donnais des réponses claires, ils étaient heureux de jouer avec moi. C'était comme si j'avais des bras et des jambes.

Il arrive souvent que je croise dans la rue quelqu'un avec un gamin qui dit : « Regarde, maman, le garçon-là, il n'a pas de jambes et pas de bras. Pourquoi ? » La mère, toute rouge de confusion, pique du nez vers moi pour s'excuser, puis avec un « Peu importe, viens ici ! » très sec, elle l'attire au loin. Chaque fois, je pense : quel dommage ! C'était une occasion offerte de connaître et de comprendre les handicapés. Les enfants sont plus directs : quand ils voient un handicapé, ils se demandent pourquoi il est comme ça et, quand le mystère est éclairci, ils le considèrent comme l'un d'eux.

Je veux que les enfants me posent toutes les

questions qu'ils veulent : ce sont les questions qu'on ne pose pas et celles auxquelles on ne donne pas de réponse qui construisent jour après jour les barrières mentales. Quand elles seront abolies et que les enfants se sentiront à l'aise avec les handicapés, nous commencerons à connaître l'ère des esprits et des cœurs d'« accès libre ».

Mes amis me confient souvent qu'ils ont été choqués la première fois qu'ils m'ont vu. « Je ne savais pas comment me comporter avec toi ni comment te parler. Mais dès que nous avons échangé quelques mots en classe et partagé un repas, doucement j'ai oublié que tu étais handicapé. Il n'y a plus que quand quelqu'un propose de partir ensemble en balade que je me dis : "C'est vrai, tu es handicapé, Oto, pensons à la façon dont tu pourrais nous accompagner avec ton fauteuil roulant." »

Je dois cet oubli – et cette attention – à mes amis, mais en même temps c'est évident que je suis handicapé. Un handicap particulier doit recevoir des aménagements particuliers, cependant il n'y a pas de façon particulière de se comporter avec quelqu'un uniquement parce qu'il est handicapé. Si les gens sentent qu'il existe une barrière trop haute entre eux et nous, cela ne marchera jamais. Mais si, avec le temps, ils continuent de ressentir cette barrière alors qu'elle n'est plus explicable par un manque de familiarité, c'est le handicapé qui en devient responsable.

Que les hommes, quels qu'ils soient, sachent se conduire entre eux n'est pas une question de handicap mais dépend de leur personnalité. Et si quelqu'un est toujours distant alors que vous commencez à mieux le connaître, inutile d'insister. S'il vous le reproche, dites-le-lui tout net : « C'est ta personnalité que je ne supporte pas. »

*Être soi-même*

Pour détruire les barrières mentales, il ne faut pas uniquement de la familiarité. Il faut aussi avoir envie que les autres soient eux-mêmes. En Occident beaucoup plus qu'au Japon, on accepte les gens tels qu'ils sont. C'est pourquoi les handicapés y ont une vie plus facile. Dans cette grande nation que sont les États-Unis ou dans certaines parties de l'Europe qui accueillent de très nombreux groupes ethniques, on n'envisage pas de rejeter la différence comme on le fait au Japon. Là-bas, les handicapés constituent une minorité parmi d'autres, et ils ne sont pas considérés autrement. Compte tenu de cette diversité, tout handicap n'est perçu que comme le trait particulier d'un individu.

Les Japonais ont toujours vécu dans une nation monoethnique. Être semblable aux autres est la règle de rigueur et les gens ont peur de s'éloigner de leurs repères. Car la discrimination et les préjugés attendent à la porte ceux qui osent s'aventurer hors des cadres sociaux. Par conséquent, il est plus difficile qu'ailleurs pour un handicapé de trouver sa place.

Pourquoi l'intimidation est-elle si courante au Japon, particulièrement dans les écoles primaires ? Les enfants disent toujours : « Il est différent de nous en ceci ou en cela. » Si on leur apprenait à respecter l'autre et à le laisser être lui-même, bien des intimidations et des moqueries n'auraient plus lieu d'être. *Bien sûr* que l'autre enfant *est* différent – nous sommes tous différents les uns des autres.

L'empressement que l'on met à accepter l'autre commence avec la prise de conscience et la reconnaissance de sa propre valeur. Je me suis engagé dans la campagne pour la liberté d'accès parce que je sentais qu'il y avait là quelque chose que moi seul pouvais faire. Mais je ne suis pas le seul à qui il revient d'œuvrer dans ce sens. Nous avons tous un rôle à jouer, une fonction à remplir. D'aucuns la découvrent quand ils sont jeunes, d'autres attendent quelques années de plus. D'autres encore regardent en arrière quand approche le grand âge et prennent conscience : « Tiens, en fait, c'était bien ça que j'avais à faire. » Quant à moi, je crois qu'en me faisant naître handicapé on m'a donné un signe très tôt. Qu'on en ait ou non conscience aujourd'hui, nous avons tous notre rôle à jouer. C'est du bon sens. On pourra parcourir le monde, on ne trouvera personne semblable exactement à nous. Si chacun est unique, chacun a un rôle unique à jouer. C'est pourquoi il faut que nous nous accordions plus de valeur. Il faut que nous soyons plus fiers de nous.

Les enfants japonais et les adolescents insistent sur ce qu'ils voient comme leurs propres imperfections (ils ne sont probablement pas les seuls à faire cela). S'ils pouvaient juste être un peu plus fiers d'être chacun un être humain unique en son genre, irremplaçable, ils arrêteraient sûrement de se mettre plus bas que terre et de se faire une vie impossible. Des enfants qui s'acceptent seront naturellement enclins à accepter l'autre pour ce qu'il, ou elle, est – un autre être humain unique à la valeur unique.

Il faudra encore bien des années avant de mettre en œuvre une société « libre d'accès » où les handicapés vivront confortablement, mais ce n'est pas une raison pour ne pas avoir envie de la construire le plus vite possible. Je voudrais voir un jour les gens vivre dans la conscience et la fierté de ce qu'ils sont – afin de ne pas gâcher le cadeau que la vie leur a donné, mais de vivre en plénitude.

Quant à moi, j'espère vivre en étant fier de moi par la modeste contribution que je vais apporter à la construction d'un monde « au cœur libre d'accès ».

# Épilogue

Le titre original de cet ouvrage était une phrase de mon invention : *Gotai Fumanzoku.* Quand les parents attendent un enfant au Japon, et qu'on leur demande s'ils veulent une fille ou un garçon, ils répondent souvent : « Peu importe. Nous serons heureux si notre bébé est *gotai manzoku.* » Cette phrase courante de notre vie de Japonais signifie que l'on a des jambes et des bras (*gotai*) complets et normaux (*manzoku*). Tous les parents de la terre mettent des rêves et des espoirs différents en leur futur enfant, mais tous ont envie qu'il soit *gotai manzoku*, condition minimale de leur bonheur.

Pourtant je suis né *fumanzoku*, le contraire de *manzoku.* Au lieu d'avoir tout ce qu'il faut, presque tout me manque. Voilà qui aurait pu faire de moi une grande déception, un fils qui ne répond pas à la première et infime attente de ses parents. Cette assertion est absolument fausse. Mes parents ne furent pas malheureux de mon handicap – et même ils ne s'en inquiétèrent quasiment pas. Ils dirent simplement : « C'est un dur travail que d'élever un gamin. » Bien plus, ils voient que je profite de la vie chaque jour. Entouré d'amis, allant et venant dans mon fauteuil roulant, je ne suis pas mécontent de ma vie, loin de là.

On m'a dit que quand les tests prénataux révèlent un handicap, bien souvent les parents choisissent de ne pas garder le bébé. Dans un sens, on ne peut empêcher ce genre de réaction. Si de futurs parents sans aucun contact avec des handicapés s'entendent dire un jour : « Votre enfant est malformé », ils ne peuvent sans doute se sentir le courage et la confiance nécessaires pour l'élever. Même ma mère m'a confié un jour : « Si des tests prénataux m'avaient annoncé que tu n'avais ni bras ni jambes, pour être honnête, je ne suis pas sûre que je t'aurais mis au monde. »

C'est tout cela qui fait que je veux aujourd'hui crier haut et fort : « Même avec un handicap, chaque jour je suis heureux d'être là. » Parce que je tenais absolument à faire passer le message suivant – il n'est pas nécessaire d'être parfait pour être heureux –, j'ai choisi ce titre : *Personne n'est parfait*.

Beaucoup de gens sur cette terre, tout en étant valides, traînent leur désespoir de vivre. Quelques personnes, même sans bras ni jambes, avancent en prenant soin du monde qui les entoure. Le handicap n'est pour rien dans leur choix de vie.

*Automne 1998.*

## Table des matières

Deuxième partie

**La course à toutes jambes**

*Mes années de collège, de lycée et de bachotage*



Troisième partie

**Un cœur libre d'accès**

*À l'université de Waseda*

*Achevé d'imprimer en octobre 2000*
*sur presse Cameron*
*par Bussière Camedan Imprimeries*
*à Saint-Amand-Montrond*

N° d'édition : 794. N° d'impression : 004884/1.
Dépôt légal : novembre 2000.

*Imprimé en France*